600 Jahre
Nikolaus von Kues

600 JAHRE
NIKOLAUS VON KUES
1401   2001

Herausgegeben von Helmut Gestrich und Klaus Kremer
unter Mitarbeit von Alfred Kaiser

PAULINUS

Bibliografische Information der Deutschen Bibliothek

Die Deutsche Bibliothek verzeichnet diese Publikation in der Deutschen Nationalbibliografie; detaillierte bibliografische Daten sind im Internet über http://dnb.ddb.de abrufbar.

ISBN 3–7902–0084–0

(c) Cusanus-Gesellschaft Bernkastel-Kues

1. Auflage 2003

Paulinus Verlag GmbH, Trier

Satz:	Cusanus-Institut Trier, Dr. Alfred Kaiser
Satzsystem:	TUSTEP, entwickelt und programmiert am Zentrum für Datenverarbeitung, Abteilung Literarische und Dokumentarische Datenverarbeitung, der Universität Tübingen
Umschlag:	Paulinus Buch & Media
Druck:	johnen-druck, Bernkastel-Kues

INHALT

Vorwort — 7

VERANSTALTUNGEN IN DEN MONATEN

Januar — 9
Februar — 13
März — 17
April — 22
Mai — 30

DIE FESTVERANSTALTUNGEN VOM 18. BIS 27. MAI IN BERNKASTEL-KUES

Eröffnung der Ausstellung »Horizonte« — 39
Lob Gottes der Religionen — 40
Die Einheit der Natur im Denken des Nikolaus von Kues — 42
Tag der Schulen — 43
»Komponistenportrait Wolfgang Rihm« — 46
Der Besuch des Bundespräsidenten — 47
Ökumenischer Gottesdienst in St. Briktius — 50
Begrüßungsansprache von Ministerpräsident Kurt Beck — 59
Ansprache des Bundespräsidenten — 60
Ansprache des Vorsitzenden der Cusanus-Gesellschaft — 65
Dankansprache von Ulf Hangert,
Bürgermeister der Verbandsgemeinde Bernkastel-Kues — 66
Pontifikalamt mit Bischof Dr. Egger, Bozen-Brixen — 68
 – Uraufführung der Kantate »Cusanus-Meditation« — 68
 – Predigt von Bischof Dr. Egger — 70
 – Die päpstliche Grußbotschaft — 72
Enthüllung der Cusanus-Sonnenuhr — 76
Offizieller Empfang mit Staatsminister Prof. Dr. E. Jürgen Zöllner — 78
 – Ansprache des Bürgermeisters der Stadt Bernkastel-Kues — 78
 – Festansprache von Staatsminister Prof. Dr. E. Jürgen Zöllner — 79
 – Ansprache des Präsidenten der Universität Trier — 81

– Ansprache des Rektors der Theologischen Fakultät Trier	82
– Ansprache der Landrätin des Kreises Bernkastel-Wittlich	84
– Ansprache des Ersten Bürgermeisters der Stadt Karlsbad	85
Markt der Krämer, Zünfte und Vaganden	87
Pontifikalamt mit Kardinal Dr. Karl Lehmann	91
Vorstellung des Buches »Mathematics and the Divine«	94

WEITERE VERANSTALTUNGEN IN DEN MONATEN

Mai	95
Juni	96
Juli	105
August	106
September	109
Oktober	114
November	119
Dezember	124
Auf den Spuren des Nikolaus von Kues in und um Bernkastel-Kues	127
Veranstaltungen zum 600. Geburtstag des Nikolaus von Kues im Ausland	131
Bildnachweis	132

VORWORT

Gedenkfeiern für große Persönlichkeiten der Geistesgeschichte fordern von den Verantwortlichen ein erhebliches Maß an Planung, Organisation und Werbung. Wenn dann die Zeit des Jubiläums gekommen ist, muß viel Mühe für das Gelingen der geplanten Feierstunden, öffentlichen Würdigungen, aber auch der wissenschaftlich qualifizierten Darbietungen des geistigen Vermächtnisses des Gefeierten aufgewendet werden. Schnell ist danach die Gegenwart der Jubiläumsfeiern selbst Vergangenheit geworden, und es gilt der Grundsatz, daß nur das überlebt, was aufgezeichnet worden ist.

Wir wollen deshalb die Jubiläumsfeiern zum Geburtstag des Nikolaus von Kues aufzeichnen. Dazu ist ein Zweifaches notwendig: Die Referate des Symposions »Nikolaus von Kues. 1401 2001« des Wissenschaftlichen Beirats der Cusanus-Gesellschaft unter Leitung von Professor Dr. Klaus Kremer werden als Band 28 der Mitteilungen und Forschungsbeiträge der Cusanus-Gesellschaft veröffentlicht werden. Aufgabe des vorliegenden Buches ist es, die vielen Gedenkfeiern des Jubiläumsjahres 2001 festzuhalten, wobei manche Ereignisse nur genannt werden können; andere werden – meist mit Bild – ausführlicher beschrieben. Die Teilnehmerinnen und Teilnehmer werden sich, je nach Interesse, an die jeweiligen Veranstaltungen erinnern; allen Lesern aber sollte ein Eindruck dessen vermittelt werden, in welcher Mannigfaltigkeit und Fülle Nikolaus von Kues gefeiert worden ist.

Die Festwoche mit dem Besuch des Bundespräsidenten am 23. Mai und dem Hochamt mit dem Nachfolger des Cusanus auf dem Brixener Bischofsstuhl am 24. Mai steht natürlich im Mittelpunkt unserer Dokumentation. Und doch lenken Veranstaltungen, die scheinbar am Rande stehen, eine besondere Aufmerksamkeit auf sich: Wem war es in dieser Weise bewußt, daß die Stiftung des Nikolaus von Kues eines der berühmten europäischen Weinhospitäler ist, oder daß in einer ländlichen evangelischen Gemeinde der Reformationstag und das Gedenken an Nikolaus von Kues in harmonischer Weise zusammen begangen werden konnten? Die Dokumentation will versuchen, die Stimmung einzufangen, die das Jubiläumsjahr insbesondere in dem Geburtsort des Cusanus erzeugt hat. Es war sicher richtig, daß der Schwerpunkt der Feiern in Bernkastel-Kues lag. Hier fand das Jubiläum große Beachtung, denn gerade auch die kleinen Städte bieten Bürgern und Besuchern eine Fülle von kulturellen Angeboten dar.

Wir sind bei den Vorbereitungen des Cusanus-Jubiläumsjahres oft gefragt worden, wie wir denn einen Theologen und Philosophen so darstellen könnten, daß seine Persönlichkeit und sein Werk auch über den Kreis der fachlich Interessierten hinaus auf breite Zustimmung stießen und zum Mitfeiern Anlaß gäben. Wir glauben, daß die Mischung wissenschaftlich interessanter Themen mit der Darstellung der faszinierenden Gestalt aus dem Moselland des späten Mittelalters dazu beigetragen hat, daß dieses Jubiläumsjahr die gewünschte Beachtung fand. So haben wir den »Mittelalterlichen Markt« nicht in erster Linie als folkloristischen Beitrag gedacht, sondern als Versuch, die Welt darzustellen, in der Nikolaus von Kues lebte und wirkte. Über den Beitrag der Schulen zum Jubiläumsjahr haben wir uns besonders gefreut. Eine ganz besondere Kooperation sei noch erwähnt: Das Bischöfliche Dom- und Diözesanmuseum Trier und das St. Nikolaus-Hospital Bernkastel-Kues haben die Ausstellung »Horizonte« geschaffen. Die Ausstellung war der Versuch, »sich in den Lebenshorizont des Cusanus einzubeschreiben, ihm zum Zeitgenossen, Mitmenschen, Mitleser und Mitdenker zu werden« (Prospekt der Ausstellung). Kooperationspartner waren selbstverständlich auch das Geburtshaus des Cusanus, die Akademie Kues und die »Kultur- und Kur-GmbH Bernkastel-Kues«, die den musikalischen Teil des Jubiläumsjahres gestaltete, ebenso wie die Tourist-Information Bernkastel-Kues wichtige organisatorische und logistische Aufgaben wahrnahm.

Eine solche Zusammenfassung von Ereignissen im Laufe eines Jahres birgt immer die

Gefahr in sich, daß man wichtige Dinge vergißt, andere über- oder unterbewertet. Doch auch diesem Unstand kann etwas Positives abgewonnen werden: Der Gedanke an Nikolaus von Kues war so lebendig, daß auch die für die Planung des Jubiläumsjahres Verantwortlichen kein lückenloses Gedächtnis, gestützt auf lückenlose Unterlagen und Berichte, haben können. Dies gilt insbesondere für die Veranstaltungen, die außerhalb von Bernkastel-Kues stattgefunden haben, in Koblenz, in Mainz, in Brixen und anderswo.

Der Rückblick auf das Cusanus-Jubiläumsjahr ist mit Dank verbunden. Es waren Tausende von Menschen, die durch ihr Interesse und ihr Mitmachen den Rahmen für eine würdige Feier abgaben. Die unmittelbar Mitwirkenden können hier nicht alle namentlich genannt werden; eine Ausnahme sei erlaubt: der Geschäftsführer der Cusanus-Gesellschaft, Thomas Ruf, bei dem die Hauptlast der Organisation lag.

Gerne sei denen gedankt, die das für alle Aktivitäten notwendige Geld bereitstellten.

Dankbar nennen wir: die Stadt Bernkastel-Kues, die Verbandsgemeinde Bernkastel-Kues, den Landkreis Bernkastel-Wittlich, mit der Kreissparkasse Bernkastel-Wittlich (Sparkassen-Stiftung), und die Stiftung der Landesbank Rheinland-Pfalz. Das Land Rheinland-Pfalz hat für die Ausstellung »Horizonte« einen namhaften Beitrag geleistet.

Zu danken haben wir vor allem Herrn Dr. Alfred Kaiser vom Cusanus-Institut, der für das gesamte Layout und die Bilderkomposition sowie für die Satzerstellung des vorliegenden Bandes verantwortlich zeichnet. Unser Dank geht ferner an Frau Ingrid Fuhrmann für die Herstellung der Computerskripte sowie an Frau Uta Böer für die Besorgung von verschiedenen Text- und Bildmaterialien. Nicht zuletzt gilt unser Dank der guten Zusammenarbeit mit der Druckerei Johnen und Herrn Dr. Baulig vom Paulinus Verlag.

Wenn durch das Cusanus-Jubiläumsjahr in vielen Menschen das Interesse für Nikolaus von Kues geweckt oder vertieft worden ist, haben sich die Anstrengungen gelohnt.

Dr. Helmut Gestrich, Vorsitzender der Cusanus-Gesellschaft

Prof. Dr. Klaus Kremer, Vorsitzender des Wissenschaftlichen Beirates der Cusanus-Gesellschaft

DAS CUSANUS-JUBILÄUMSJAHR 2001

CUSANUS 2001

14. Januar, Bernkastel-Kues, St. Briktius, Taufkirche des Nikolaus von Kues

Das Cusanus-Jubiläumsjahr wurde am 14. 01. um 17 Uhr mit einem im Unterschied zu den früheren Jahren besonders hervorgehobenen Neujahrskonzert in der Taufkirche des Cusanus, St. Briktius zu Kues, mit Werken von Pohle, Geminiani, Händel, Mozart, Sammartini und Schroeder eröffnet. Ausführende waren unter der Gesamtleitung von Wolfgang Lichter die Camerata Cusana und Michael Meyer am Orgelpositiv.

Cusanus 2001

Programm

David Pohle (1624 – 1695)	Sonata à 8 für Streicher und Cembalo
Francesco Geminiani (1680 – 1762)	Concerto grosso „La Folia" für Streichorchester und Basso continuo
Georg Friedrich Händel (1685 – 1759)	Orgelkonzert g-moll op.4, 1 Larghetto e staccato Allegro – Adagio – Andante
Hermann Schroeder (1904 – 1984)	2. Satz „Adagio" aus dem Konzert für Streichorchester op. 23
Wolfgang Amadeus Mozart (1759 – 1791)	Sonate in C-Dur, KV 328 Sonate in C-Dur, KV 336 für Orgel und Streicher
Giovanni Battista Sammartini (1698 – 1775)	Sinfonie A-Dur Presto – Andante – Presto assai

Sonntag 14.1. 17 Uhr
Pfarrkirche St. Briktius Bernkastel-Kues
Taufkirche des Nikolaus von Kues

Das Eröffnungskonzert zum Jubiläumsjahr

Orgel-Positiv	Michael Meyer
Violine	Elisabeth Henn, Ulrike Braun, Lilia Hägele, Eva Mattula, Peter Mohrs, Hubert Schütz
Viola	Tinatin Gnitecki, Katharina Gestrich
Violoncello	Thomas Lichter, Karoline Roth
Kontrabaß	Sigrid Born-Kluth
Cembalo	Wolfgang Lichter

19. bis 21. Januar, Wiesbaden-Naurad, und 28. April

EINHEIT IM WIDERSPRUCH

katholische akademie rabanus maurus

bistum limburg

In Zusammenarbeit mit
dem Philosophischen Seminar der
Hochschule Sankt Georgen, Frankfurt/M.

Große Gestalten der Geistesgeschichte XX

Einheit im Widerspruch.

Zum 600. Geburtstag von
Nikolaus von Kues (1401-1464)

Öffentliche Tagung

Fr., 19. – So., 21. Januar 2001

Wilhelm-Kempf-Haus
65207 Wiesbaden-Naurod

Tagungs-Nr.: 2102

Nikolaus von Kues gilt wohl als der bedeutendste Philosoph und Theologe des ausgehenden Mittelalters. Durch seine Bildung und Ausbildung verwurzelt im Denken des Mittelalters, ist er zugleich Grenzgänger zur Neuzeit hin. Denn in seinen Schriften und in seinem kirchenpolitischen Engagement lassen sich für seine Zeit zukunftsweisende und bis heute aktuelle Anregungen finden.

Vor allem das Konzil von Basel war eine zentrale Station auf seinem Lebensweg. Dabei entstanden seine reformpolitischen Schriften zu Kirche und Staat. Die Einnahme Konstantinopels durch die Türken 1453 veranlasste ihn, diverse Schriften zum Dialog der Religionen zu verfassen.

Anlässlich seines 600. Geburtstages wollen wir diesen großen Wegbereiter der Moderne würdigen. Sein vielfältiges Bemühen um Einheit - in Kirche und Staat, aber auch zwischen den Religionen - soll vorgestellt werden.

Sie sind zu dieser Tagung herzlich eingeladen.

Prof. Dr. Jörg Splett　　　Dr. Ansgar Koschel
Hochschule St. Georgen　　Akademiedirektor

TAGUNGSFOLGE

Freitag, 19. Januar 2001

bis
18.00　Anreise/Zimmervergabe

18.30　Abendessen

19.30　**Brückenschlag in eine neue Zeit.**
　　　Einführung in Leben und Werk
　　　Dr. Helmut Gestrich, Bernkastel-Kues

Samstag, 20. Januar 2001

ab
8.15　Frühstück

9.00　**Frühes Religionsgespräch.**
　　　Die Einheit zwischen und unter den Religionen
　　　Prof. Dr. Walter Andreas Euler, Trier

11.00　**Wahlen, Konsens und Rezeption.**
　　　Verfassungsprinzipien der Kirche nach Nikolaus v. Kues
　　　PD. Dr. Werner Krämer, Dortmund

12.15　Mittagessen

15.00　Kaffee/Tee

15.30　**„Sei du dein, und ich werde dein sein".**
　　　(De visione Dei)
　　　Einheit als philosophische Herausforderung
　　　Dr. Norbert Herold, Münster

17.00　Textarbeit in Gruppen

18.30　Abendessen

19.30　Einladung zum Gottesdienst

Sonntag, 21. Januar 2001

ab
8.15　Frühstück

9.15　**Beziehungs-Denken.**
　　　Einheit als Mit-Eins
　　　Prof. Dr. Jörg Splett, Offenbach

11.00　Abschlussgespräch mit den Referenten

12.15　Mittagessen/Ende der Veranstaltung

Geburtsort eines Großen

Kues, ein Ortsname, bekannt geworden durch den großen Theologen und Philosophen Nikolaus. Er wurde hier vor 600 Jahren geboren. Seine Persönlichkeit steht im Mittelpunkt zahlreicher Veranstaltungen in diesem Jubiläumsjahr.

Es lohnt sich, den Ort seiner Geburt und den geografischen Kontext seiner Herkunft kennen zu lernen – und damit ihn selbst.

Nach einer Studientagung um Nikolaus von Kues als »Große Gestalt der europäischen Geistesgeschichte« im Januar laden wir Sie nun ein zu einer Exkursion nach Kues.

Dr. Ansgar Koschel
Akademiedirektor

Programm für Samstag, 28. April 2001

- 7.15 Abfahrt des Busses ab Frankfurt/Main Hbf., Nordausgang, vor dem »Hotel Hamburger Hof«
- 8.00 Abfahrt des Busses ab Wiesbaden Hbf.
- 10.00 Besuch des Geburtshauses von Nikolaus
- 11.15 Besuch des Cusanusstiftes (»St. Nikolaus Hospital«)
  Beide Besuche unter Führung von Dr. Helmut Gestrich, Vorsitzender der Vereinigung zur Förderung der Cusanus-Forschung e. V.
- 13.00 Mittagessen im Restaurant Volz
- 14.30 Führung durch den historischen Stadtkern von Bernkastel-Kues
- 16.00 Weinprobe
- 18.00 Rückfahrt ab Bernkastel-Kues
- ca. 20.00 Ankunft in Wiesbaden
- ca. 20.30 Ankunft in Frankfurt/Main

22. Januar, Trier, Universität

TRIERER CUSANUS LECTURE

Universität Trier und Theologische Fakultät Trier boten in der wiederum von beiden Hochschulen gemeinsam getragenen siebten Cusanus Lecture eine Vorbereitung auf das cusanische Reformwirken dar, indem der Referent, Prof. Dr. Josef Steinruck, die Erneuerungsversuche des 15. Jahrhunderts entwickelte: *Das Ringen um die Reform der Kirche in der 1. Hälfte des 15. Jahrhunderts*. Die Vorlesung fand im Hörsaal 1 der Universität statt und ist in der Reihe *Trierer Cusanus Lecture* im Paulinus Verlag erschienen. Das Fazit des Referenten lautete:

Der stets aktuelle Ruf nach Reform der Kirche wurde im späten Mittelalter vor dem Hintergrund des auf finanziellen Gewinn ausgerichteten Zentralismus der päpstlichen Kurie, der Spaltung der abendländischen Christenheit im fast 40 Jahre währenden Papst-Schisma und in der bei Papst und Bischöfen feststellbaren Vernachlässigung ihrer geistlichen Aufgaben als besonders dringend empfunden. Durch ein allgemeines Konzil hoffte man, das Schisma beenden und eine »Reform der Kirche an Haupt und Gliedern« erreichen zu können. Dem Konzil von Konstanz (1414–1418) gelang die Beendigung des Schismas und ein Ansatz zu einer umfassenden Kirchenreform, der jedoch bald stecken blieb. Der verhängnisvolle Kampf zwischen dem Konzil von Basel (1431–1449) und Papst Eugen IV. vereitelte eine allgemeine Kirchenreform durch das Generalkonzil. Die Reformimpulse der Konzilien von Konstanz und Basel führten jedoch zu Teilreformen, die von reformeifrigen Personen und Gruppen initiiert wurden. Das Ringen um die Kirchenreform ließ bereits in der ersten Hälfte des 15. Jahrhunderts erkennen, daß weder eine umfassende Erneuerung der Kirche noch partikuläre Reformen ohne die Unterstützung der weltlichen Obrigkeiten durchführbar waren; das Scheitern der umfassenden Kirchenreform brachte außerdem eine neue Gefahr für die Kirche: den Rückzug der Gläubigen in die individuelle Frömmigkeit.

Sitzung des Konstanzer Konzils, in: Geschichte des Christentums, Bd. VI, S. 160

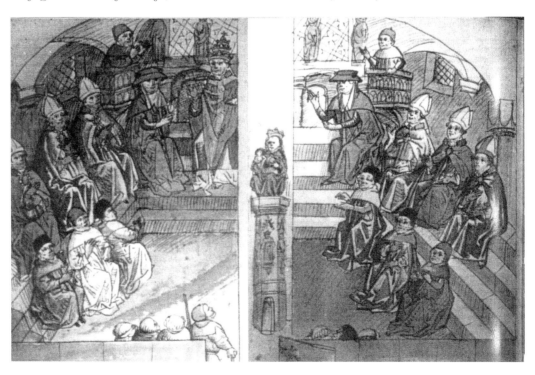

»NATURA MYSTICA«
Zeit – Ewigkeit, Einheit – Vielheit

11. Februar bis 4. November, Bernkastel-Kues, Geburtshaus des Nikolaus von Kues

An diesem Tag wird im Geburtshaus des NvK unter dem Titel »Natura mystica. Zeit – Ewigkeit, Einheit – Vielheit« eine Ausstellung des Künstlers Siegbert Hahn eröffnet, zu der gleichzeitig ein Bildband erscheint.

In 28 Bildern, für die Ausstellung gemalt, hat sich der Künstler von cusanischen Themen inspirieren lassen: Zeit, Weg, Anfang, Polarität u. a. Mit verfremdeten Variationen der Natur, mit seinen rätselhaften Landschaften, Bäumen, Fischen, Vögeln ruft Hahn so eine ›zweite Wirklichkeit‹ hervor, die hinter unserer alltäglichen Erfahrungswelt gelegen ist: Es ist das Geheimnis der Natura mystica, dem er in bisher 600 Gemälden nachgespürt hat. Die Eröffnungsrede hielt Dr. Peter Guckel. Zur Ausstellung hat der Künstler eigens einen Bildband mit 125 Farbabbildungen herausgebracht.

Das Geburtshaus des Nikolaus von Kues nach der Renovierung 1980

Peter Guckel (Hrsg.)
**Natura mystica –
Die Bildwelt von Siegbert Hahn /
Siegbert Hahn's World of Images**
Kunstband

Der Natur wohnt ein Geheimnis inne. Es ist das ›Geheimnis des Lebens‹: Die Zeit und der Raum, die Polarität und die Metamorphose, der Zauber eines jeden Anfangs und das Grauen der Zerstörung in der Schöpfung. Natura mystica meint diese und viele ähnliche Geheimnisse des Lebens.

Die Malerei eines Zeitgenossen, eines Außenseiters: klar, bestechend und überzeugend.

125 Farbabbildungen. Zwei Aufsätze. Beitrag des Malers zu seiner künstlerischen Entwicklung; der Text wird begleitet von einigen persönlichen Fotos. Biographische Daten sowie Ausstellungs- und Literaturverzeichnis. Texte in Deutsch und Englisch. 240 Seiten, Kunstdruckpapier, gebunden, 28 x 24 cm, 1650 g 2001
Das Buch ist beziehbar über die edition alectri.
€ 31,- (DM 59,-)
Auf Wunsch signiert und als Inlands-Paket: + € 6,- (DM 11,-)

12. Februar, Bernkastel-Kues, Geburtshaus des Nikolaus von Kues

DE DOCTA IGNORANTIA – EINE PROVOKATION?

Mit dem Monat Februar verzeichnet nicht nur die Geschichte des Ortes Kues, sondern vor allem die gesamte abendländische Geistesgeschichte ein zäsurhaft einschneidendes Datum: Cusanus vollendet am 12. Februar in seinem Geburtshaus zu Kues das programmatische Werk: Von der belehrten Unwissenheit (*De docta ignorantia*). Nicht mehr Stolz auf das Wissen, sondern demütige Einsicht in das Wissen um das Nichtwissen soll fortan das geistige Ringen des Menschen bestimmen. Ziel ist jedoch *nicht* die Unkenntnis, sondern die *wahre* Kenntnis. Daher versucht Cusanus darzulegen: »Auf welche Weise Wissen Nichtwissen ist.«

Titelbild aus »De docta ignorantia« in Cod. Cus. 218

»*Complevi in Cusa 1440, XIIa Februarii*« ⟨Ich habe [sie] in Cues am 12. Februar 1440 vollendet⟩

Anläßlich des 561. Geburtstages der Vollendung von De docta ignorantia sprach Dr. Hans Gerhard Senger, Leiter der Cusanus-Edition des Thomas-Instituts der Universität Köln, am 12. Februar im überfüllten Vorlesungssaal des Geburtshauses über das Thema: »De docta ignorantia – eine Provokation?« Der Vortrag läßt sich in wenigen Sätzen durch den Autor selbst wie folgt zusammenfassen:

Der Vortrag behandelt 1. Überlegungen zum Abschlußdatum und zur zeitgenössischen Rezeption der Schrift; 2. die vom Autor mit ihr beabsichtigte Provokation; M. HOENENS Entdeckung einer provokativen ›Quelle‹ für diese Schrift; 3. den Verlauf der gegenseitig provozierenden Debatte zwischen Johannes Wenck (*De ignota litteratura*, 1442/43) und Nikolaus (*Apologia doctae ignorantiae*, 1449), in der dieser vor seiner Erhebung zum Kardinal mit dessen Vorwurf der Häresie und Zerstörung der Theologie abrechnet; 4. die bis ins 20. Jahrhundert anhaltende Provokation der *Docta ignorantia* des Nikolaus von Kues, eines savant provocateur überhaupt.

Vor dem Vortrag, ab 18 Uhr, gaben Frau Neusius vom Cusanus-Hospital, Herr Lewen von der Kultur und Kur GmbH Bernkastel-Kues und Herr Manfred Richter, Hauptdarsteller der Lupus ludens-Gruppe, einen Überblick über die vorgesehenen Veranstaltungen im Cusanus-Jubiläumsjahr.

Herr Richter, gewandet nach Sitte des 15. Jahrhunderts, brachte den »ordentlichen Bürgern der Stadt« die Kunde, »daß die gelehrten Gedanken des Herrn Kardinal den Staub der Studierstuben verlassen und sich unters gemeine Volk mischen sollen, um allüberall in den Köpfen der Menschen sich auszubreiten«.

Im Rahmen des Jahresüberblicks wurden auch die Gedenkmedaillen vorgestellt, die eigens zu diesem Jubiläum geprägt worden waren und den Kopf des Cusanus zeigen: eine Silbermedaille von 35 mm Durchmesser mit einer Auflage von 600 Stück zum Einzelpreis von DM 49,50, eine Dukatengold-Medaille mit 20 mm Durchmesser in einer Auflagenhöhe von 200 Stück zum Einzelpreis von DM 249,50 und eine zweite in Gold mit 35 mm Durchmesser mit einer Auflage von 50 Stück zum Einzelpreis von DM 849,50.

Geburtshaus des Nikolaus von Kues: Innenansicht des Obergeschosses

14. Februar bis 14. März, Koblenz, Bischöfl. Cusanus-Gymnasium

NIKOLAUS VON KUES. 1401 – 1464
LEBEN UND WERK IM BILD

An diesem Tag eröffnete Dr. Helmut Gestrich, Vorsitzender der Cusanus-Gesellschaft, mit der Ausstellung »Nikolaus von Kues. 1401 – 1464. Leben und Werk im Bild« eine Reihe von Veranstaltungen in Koblenz, dem langjährigen (1427 – 1439) Dekanatssitz (St. Florin) des Nikolaus von Kues. Diese und alle weiteren Koblenzer Veranstaltungen sind in einem eigenen Band zusammengefaßt, der unter dem Titel »Den Koblenzer Cusanus entdecken: Beiträge aus dem Cusanus-Jahr 2001 in Koblenz« (Fuck Druck Koblenz) erschienen ist.

In seinem Eröffnungsvortrag ging Helmut Gestrich zunächst auf den Lebensweg des Nikolaus von Kues ein; er schilderte seinen Aufstieg vom Kaufmannssohn aus dem Moseldorf Kues bis zum Teilnehmer am Basler Konzil und bis zur Kardinalsernennung. Im Anschluß an die Lebensbeschreibung wies der Vortragende auf das geistige Vermächtnis des großen Philosophen hin, dessen Bedeutung in der abendländischen Geistesgeschichte unbestritten ist.

Kirche St. Florin, im Vordergrund Wohnhaus des Nikolaus von Kues, nach einem Stich vom Jahre 1845

»Kardinalserhebung des Nikolaus von Kues«. Gemälde im Konventssaal des St. Nikolaus-Hospitals

CUSANISCHE MEDITATIONEN
RÄUME UND ZEITEN DER STILLE

9. März, Bernkastel-Kues, Akademie Kues

Die Veranstaltungen im Cusanus-Jubiläumsjahr wurden so geplant, daß sie monolitischen Charakter vermeiden wollten. Vorträge, Spiel, Musik, Meditation und Kunst sollten einander abwechseln bzw. parallel laufen.

Unter Rückgriff auf ein zentrales Gedankenmotiv des NvK, nämlich den Menschen bzw. seine Seele mit einer lebendigen Harfe zu vergleichen, hielt Nikolaus Schneider, Vizepräses der Evangelischen Kirche des Rheinlandes, am 9. März in der Akademie Kues eine Meditation über das Thema: »Der Mensch ist eine lebendige Harfe, die alles in sich enthält, Lobgesänge für Gott erklingen zu lassen«. Der Referent faßte zusammen:

Im Mittelpunkt dieser cusanischen Meditation steht ein Satz aus seiner vorletzten Schrift: »Die Jagd nach der Weisheit«. Darin entfaltet Cusanus ein philosophisch-theologisches Gedankengebäude und benennt drei Gebiete und zehn Felder für den Erwerb von Weisheit. Im fünften Feld heißt es: »So ist der Mensch eine lebende Harfe, der in sich alles besitzt, um Gottes Lob zu singen, das er in sich erkennt«. Es läßt sich mit Hilfe dieser Sequenz zeigen, daß Cusanus eine lebendige Gottesbeziehung in den Mittelpunkt seiner Ausführungen stellt, welche sowohl Lob wie Leid in vielfältiger Gestalt enthält. Sein Ziel ist die Betonung des besonderen Wertes des Lebens und der Würde des Menschen. Durch Phantasie, Kreativität und Gefühle können solche Grundkategorien des Menschseins außerhalb der alltäglichen Existenz zu anderen Dimensionen der Wirklichkeit in Beziehung treten. Gezeigt werden kann, daß der bei Cusanus anzutreffende Mystizismus mit intellektueller Erkenntnis verbunden ist. Er ist nicht zu vergleichen mit der ekstatischen Unio Mystica mit Gott.

Akademie Kues

11. März, Bernkastel-Kues, Geburtshaus des Nikolaus von Kues

VERNISSAGE DER AUSSTELLUNG »NATURA MYSTICA«

Vernissage der am 11. 02. eröffneten Ausstellung von Siegbert Hahn: »Natura mystica« (s. o. S. 13). Siegbert Hahn wurde 1937 in Breslau geboren. Bereits nach dem Abitur entstanden erste Ölbilder.

Er arbeitete zunächst als Assistent für Regie und Kamera bei der Filmgesellschaft in Berlin, studierte in Köln Kunstgeschichte und Archäologie und gab schließlich seine Studien zugunsten der Malerei auf. Seine erste, vielbeachtete Einzelausstellung hatte er als 26jähriger in Paris. Seit 1966 lebt Hahn freischaffend in Köln. Sein Œuvre umfaßt inzwischen über 500 Arbeiten, die auf mehr als 150 Ausstellungen in Deutschland, Frankreich, Belgien, Italien und der Schweiz zu sehen waren.

Natura mystica

Siegbert Hahn

Cusanus-Gedächtnisjahr

2001

Bernkastel-Kues

Cusanus Memorial Year

Anlässlich des Gedenkjahres zum
600. Geburtstag des Nikolaus von Kues
(bedeutender Wissenschaftler,
Philosoph und Theologe, 1401 - 1464)

wird herzlich eingeladen zur Ausstellung

Natura mystica

Zeit – Ewigkeit
Einheit – Vielheit

Historisches Geburtshaus

12. Februar – 4. November 2001

Eröffnung:
Sonntag, den 11. März 2001, 11 Uhr

EINFÜHRUNG IN DIE PHILOSOPHIE UND THEOLOGIE DES NIKOLAUS VON KUES

19. bis 24. März, Trier, St. Josefsstift

Einen Vorgeschmack auf das Internationale Wissenschaftliche Cusanus-Symposion im Mai bringt die von Prof. Dr. Walter Andreas Euler geleitete Ferienakademie für Universitätsstudierende, die vom 19.–24. März im Josefsstift zu Trier stattfand: »Einführung in die Philosophie und Theologie des Nikolaus von Kues«. Von 35 Anmeldungen konnten in Folge der Kapazitätsgrenze des Josefsstiftes nur 21 Studierende berücksichtigt werden. Die Finanzierung dieser Akademie, die mit einer Besichtigungsfahrt nach Bernkastel-Kues zu Cusanus-Hospital und Geburtshaus endete, war dankenswerterweise ganz von der Nikolaus Koch Stiftung übernommen worden. Die Nikolaus Koch Stiftung hatte ebenfalls die Kosten für die Cusanus Lecture von Prof. Dr. Josef Steinruck übernommen und sagte ferner zu, das im Dezember unter der Regie von Dr. Alfred Kaiser durchgeführte Projekt »Vom Manuskript zum Buch«, geplant für die Oberstufen von Trierer Schulen, zu finanzieren. Für all das sei der Nikolaus Koch Stiftung an dieser Stelle unser herzlichster Dank ausgesprochen.

Prof. Euler schreibt zur Ferienakademie: Der Teilnehmerkreis befaßte sich anhand ausgewählter zweisprachiger Texte intensiv mit zentralen Aspekten des cusanischen Denkens: den Leitbegriffen des belehrten Nichtwissens (docta ignorantia) und des Ineinsfalls der Gegensätze (coincidentia oppositorum), dem philosophisch-theologischen Menschenbild, dem Geistbegriff, der Konzeption der Gottesschau und den Ideen zur interreligiösen Verständigung. Die gemeinsame Textarbeit wurde ergänzt durch einen Abendvortrag von Dr. Hermann Schnarr sowie eine Exkursion in das St. Nikolaus-Hospital und das Cusanus-Geburtshaus in Bernkastel-Kues. Das Seminar führte zu anregenden und tiefsinnigen Diskussionen über das cusanische Denken und darf als voller Erfolg gewertet werden.

Cusanus-Seminar

Einführung in die Philosophie und Theologie des Nikolaus von Kues. 19.-24. März 2001, Trier

Veranstaltungsort: St. Josefsstift, Franz-Ludwig-Straße 7, 54290 Trier

Programm

Montag, 19. März

Ab 16.00 h	Anmeldung
18.00 h	ABENDESSEN
19.15 h	Vorstellung des Seminars

Dienstag, 20. März

9.00 - 12.15 h	„Docta ignorantia" und „coincidentia oppositorum": Leitbegriffe der cusanischen Grundidee. (Grundlage: De docta ignorantia, Buch 1; Kapitel 1. 3. 4. 13: Buch II, 11. 12)
12.30 h	MITTAGESSEN
14.30 - 17.45 h	Die Rolle der Christologie im Konzept von De docta ignorantia (Grundlage: De docta ignorantia, Buch III, Kapitel 1-4)
18.00 h	ABENDESSEN
19.30 h	Abendvortrag „Docta ignorantia" als Einspruch gegen Skepsis. *Dr. Hermann Schnarr, Trier*

Mittwoch, 21. März

9.00 - 12.15 h	Geist und Weisheit: Zur Erkenntnislehre des Nikolaus von Kues. (Grundlage: Idiota de sapientia, Buch 1, nn. 1-9; Idiota de mente, Kapitel 1-5)
12.30 h	MITTAGESSEN
14.00 h	*Exkursion nach Kues*
	Besuch des St. Nikolaus-Hospitals
	Besuch des Cusanus-Geburtshauses
	Abendessen im Geburtshaus

Donnerstag, 22. März

9.00 - 12.15 h	Die Überlegungen des Cusanus zur Möglichkeit der Gottesschau (Grundlage: De visione Dei, Kapitel 1-7 [in Auszügen])
12.30 h	MITTAGESSEN
14.30 - 17.45 h	Der Mensch als Kosmograph: zur Anthropologie des Nikolaus von Kues (Grundlage: Compendium Kap. 8)
18.00 h	ABENDESSEN
19.30 h	Zur Diskussion gestellt: Nikolaus von Kues zwischen Bioethik und Technikphilosophie (Offene Gesprächsrunde)

Freitag, 23. März

9.00 - 12.15 h	Interreligiöse Verständigung nach Nikolaus von Kues (Grundlage: De pace fidei, Kapitel 1-3; 13; 16)
12.30 h	MITTAGESSEN
14.30 h	Stadtführung durch Trier
	im Anschluß: Besuch im Institut für Cusanus-Forschung
18.00 h	ABENDESSEN
19.30 h	*Schlußrunde*

17. bis 31. März, Bernkastel-Kues, Geburtshaus des Nikolaus von Kues

AN DIE HAND GENOMMEN
CUSANISCHE HINFÜHRUNG ZUM GLAUBEN

Unter dem Generalthema »An die Hand genommen – cusanische Hinführung zum Glauben« standen die Fastengespräche im Jubiläumsjahr. Es referierten:

am 17. 03. Prof. Dr. Wolfgang Lentzen-Deis über »Dem Glauben zum Durchbruch verhelfen«,

am 24. 03. Prof. Dr. Walter Andreas Euler über »Die Mitte des Evangeliums – Die Christusverkündigung in den Predigten des Nikolaus von Kues«,

am 31. 03. Dr. theol. habil. Albert Dahm über »Erlöst durch Christus. Der neue Mensch in der Glaubenslehre des Nikolaus von Kues«.

31. März

17. März

W. Lentzen-Deis gliederte seinen Vortrag wie folgt:

1. Christen sind Menschen, die sich nach unendlichem Glück sehnen, die auf Vollendung hoffen.
2. Christen sind Menschen, für die Jesus Christus maßgebend ist.
3. Christen sind Menschen, die sich beschenkt wissen und die zu feiern verstehen.
4. Christen sind Menschen, die große Zusammenhänge sehen.
5. Christen sind Menschen, die mit dem Negativen fertig werden.
6. Christen sind Menschen, die glauben, daß Gott immer größer ist.
7. Christen sind Menschen, die wissen: Wir fangen erst an.
8. Christen sind Menschen, die die Welt etwas angeht.

24. März

W. A. Euler schreibt zu seinem Vortrag:

Der Vortrag beschäftigt sich in meditativer Form mit dem Theologen und Seelsorger Nikolaus von Kues, dem wir in den Predigten (Sermones) des Kardinals begegnen. Nach einem knappen Überblick über das umfangreiche cusanische Predigtwerk konzentrierte sich das Referat auf den Kern und Zentralinhalt der Glaubensverkündigung in den Predigten, die Gestalt des gott-menschlichen Mittlers Jesus Christus. »Evangelizare Christum« – »Christus als Frohbotschaft verkünden«: darin sah Cusanus die Hauptaufgabe des Predigers, wie er seinem Brixener Klerus am 2. Mai 1457 darlegte (Sermo CCLXXX). Dieser Aufgabe wurde Cusanus selbst in exemplarischer Weise gerecht. Er betrachtet Christus in den Predigten als den Offenbarer des verborgenen Gottes, der uns durch sein Leben und seine Botschaft den Weg zum Unendlichen und damit zur ewigen Glückseligkeit weist. Zugleich sieht er in Christus den wahren Menschen, an dessen Menschsein sich alle Menschen orientieren können, um immer mehr und immer tiefer Mensch zu werden.

Das knappe Resümee des Vortrags von A. Dahm lautet:

Vor allem in seinen Predigten hat Nikolaus von Kues sehr tiefgründig über das Geheimnis unserer Erlösung nachgedacht. Dabei greift er Denkansätze der Tradition auf, geht aber auch ganz eigene Wege. Sein besonderes Interesse im Rahmen seiner soteriologischen Darlegungen gilt der Erneuerung des Menschseins in und durch Christus. Was der hier entwickelten Perspektive ihr besonderes Profil und zugleich eine bemerkenswerte Faszination verleiht, ist das Ineinandergreifen von philosophischen und theologischen Gedankengängen. Das läßt sich besonders am Begriff der (viva) imago Dei aufweisen, der einerseits als Schlüsselbegriff für die vom (Neu-)Platonismus inspirierte Konzeption einer philosophischen Anthropologie steht, den Cusanus andererseits fruchtbar macht für eine heilstheologische Beschreibung des gefallenen und erlösten Menschen.

CUSANUS UND DER KORAN

19. März, Koblenz, Rathaussaal der Stadt Koblenz

Im Historischen Rathaussaal in Koblenz spricht Prof. Dr. Ludwig Hagemann über »Nikolaus von Kues und der Koran. Zur Schrift Cribratio Alkorani – Sichtung des Korans« und führt zusammenfassend aus:

»Cribratio Alkorani« – »Sichtung des Korans« nannte Kardinal Nikolaus von Kues sein 1460/61 verfaßtes dreiteiliges Werk, in dem er sich um eine theologische Auseinandersetzung mit dem Islam bemühte.

Diese zu den Alterswerken des Kardinals zählende Arbeit steht vom Inhalt her seiner Schrift »De pace fidei« sehr nahe, die Nikolaus unmittelbar nach dem Fall von Konstantinopel (1453) verfaßte. Die schon damals angegangenen Themen, die Dreieinheit der Personen in Gott, die personale Einheit von Sohn Gottes und Mensch in Jesus Christus als dem Erlöser und Mittler des Heils sowie das Verständnis des eschatologischen Paradieses, kehren in der »Cribratio Alkorani« wieder. Hier allerdings werden diese Themen – und nicht nur sie – viel weiter ausgeführt, der Koran wieder und wieder zitiert und mit christlichen Positionen konfrontiert. Nikolaus wird dabei nicht müde, nach immer neuen Möglichkeiten im Koran zu suchen, die sich – wie er meint – als Anknüpfungspunkte eignen, um Muslimen den Weg zum christlichen Glauben zu ebnen.

»Cribratio Alkorani« – »Die Sichtung des Korans«, in: Cod. Cus. 217, fol. 1ʳ.

20. März, Bernkastel-Kues, Akademie Kues

SCHICKSAL UND LIEBE DES NIKLAS VON KUES

In der Akademie Kues liest Stefan Kritten, alias Ex silva, aus dem Roman von Hans Künkel (1936): »Schicksal und Liebe des Niklas von Kues«.

2. bis 6. April, Bernkastel-Kues, St. Nikolaus-Hospital und Akademie Kues

Staunen mit Cusanus

Zum 600. Geburtstag besichtigen Schüler das Cusanusstift

Von unserer Mitarbeiterin
MARITA BLAHAK

BERNKASTEL-KUES. Auf die Spuren von Nikolaus von Kues begaben sich acht Klassen der Hauptschule und der Grundschulen Bernkastel-Kues, Lieser und Wehlen.

„Auch die jüngeren Schüler sollen sich im Jubiläumsjahr zum 600. Geburtstag des großen Sohnes der Stadt mit der Person des Cusanus vertraut machen", erklärte Hauptschullehrerin Maria Notte Sinn und Zweck der Veranstaltung.

Auf dem Wochenprogramm standen für die Klassen des dritten, vierten und fünften Schuljahres der Besuch des Cusanusstiftes und des St. Nikolaus-Geburtshauses. Doch fiel die Besichtigung des Geburtshauses buchstäblich ins (Hoch)-Wasser, so dass Anna Reuter ihr Treffen mit den Schülern in die Akademie Kues verlegte.

Dort stellte sie den jungen Leuten Leben und Werk des Gelehrten und Theologen vor. Im Cusanusstift kamen sie hautnah mit dem einstigen Stifter und seinem Wirken in Berührung. Mehrere Führerinnen und Führer nahmen die Schüler mit auf einen erkenntnisreichen Weg durch das Hospital, das Nikolaus von Kues 1458 für 33 bedürftige ältere Männer stiftete.

Von Franz Schmitt erfuhr die Klasse 5a, dass Cusanus den Familiennamen Cryffts trug und sein Namenspatron oberhalb des Eingangsportales steht – der Heilige St. Nikolaus als Patron der Armen, Schiffer und Schüler. Und wer wusste schon, dass die Bezeichnung „Kardinal" auf das lateinische Wort „cardo" (Türangel) zurückgeht. So wie an der Türangel die ganze Tür hängt, so trägt ein Kardinal große Verantwortung.

Staunend standen die Jugendlichen vor der großen Uhr im Treppenaufgang, die mit weit mehr als 500 Jahren so alt ist wie das Hospital und die früher alle sieben Stunden aufgezogen werden musste. An der Rückwand der Uhr entdeckten sie eine Katze und eine Maus, der das letzte Stündlein geschlagen hat. „Diese Darstellung sollte jeden daran erinnnern, dass auch unsere Zeit irgendwann abgelaufen ist" erklärte Schmitt.

Ob die Erklärungen zu den mit System angeordneten, in ihren Ornamenten verschiedenartigen Fenster im Innenhof, die auf den Mathematiker Cusanus hinweisen oder die Vorstellung der alten Gemälde von den Sieben Barmherzigkeiten im Kreuzgang, auf denen frühere Bewohner abgebildet sind - die Schüler lauschten aufmerksam den Worten Schmitts.

Etwas ungläubig standen sie vor der Messingplatte in der Kapelle, unter der das Herz des Cusanus begraben ist. Vor der Mittelsäule der Kapelle hängen zwei Seile - noch heute werden hier die kleinen Hospitalsglocken mit der Hand geläutet. „Darum kümmert sich der Heimbewohner Albert vor jeder Messe", erzählt Schmitt schmunzelnd vom „Läutnant" des Hospitales.

Nach dem Besuch der Bibliothek stand ein Rätselspaß auf dem Programm. Schüler aus den achten Klassen der Hauptschule hatten mit der Lehrerin und der Leiterin der Akademie, Theresia Spieß, ein Quiz auf der Grundlage von Osterbildern erstellt. In den Bildern versteckten sich Symbole und Begriffe zu Nikolaus von Kues, die es zu entdecken galt. Der Gewinner-Klasse winkt ein attraktiver Preis.

Geschichtsunterricht, der Spaß macht: Mit einem Bilder-Quiz testen die Schüler nach dem Besuch im Cusanusstift ihr Wissen über Nikolaus von Kues. Foto: Marita Blahak

Trierischer Volksfreund vom 4. April 2001

Liebe Ratefüchse!

Wir, die Schüler der Hauptschule Bernkastel-Kues, haben uns ebenfalls hier in den alten Gemäuern des Nikolaus von Cues umgeschaut. Es hat uns so gut gefallen, dass wir für Euch ein Ratespiel entwickelt haben.

Welche Klasse gewinnt den Preis?

Also, strengt Eure „Köpfchen" an, so wie Nikolaus von Kues es getan hat.

Viel Spaß dabei!   "Die Klasse 8a"

Name:_____ Klasse:____ Schule:_____

1) Nikolaus von Cues hieß mit seinem ursprünglichen Namen Nikolaus KREBS.

2) Fährt man von Lieser kommend in den Ort Kues hinein, sieht man links ein Haus mit orangefarbenen Steinen, es ist das GEBURTSHAUS.

3) Zum Zeichen seiner Kardinalswürde erhielt Nikolaus von Cues einen roten KARDINALSHUT.

4) Nikolaus von Cues wirkte lange in Italien, dem Land, welches auf der Karte wie ein STIEFEL aussieht.

5) Im Mittelalter waren die Gebäude des Nikolaus von Cues ein Heim für alte Menschen. Ein solches Heim nannte man früher HOSPITAL.

6) Bei der Führung sahen wir oberhalb der Treppe im Altenheim des Nikolaus v. Cues eine besondere Uhr, in ihr versteckt sich eine kleine KATZE.

7) Als Zeichen für Jesus und seine 12 Jünger befindet sich in der Mitte der Kapelle eine besondere SÄULE.

8) Nikolaus v. Cues betrachtete gerne die Sterne und den Lauf der Planeten. Man nennt diese Wissenschaft ASTRONOMIE.

9) Nikolaus v. Cues stellte früh fest, dass die Erde eine KUGEL ist.

10) Nikolaus v. Cues wurde in Rom begraben. Ein Teil von ihm liegt in einer Grabkammer in Bernkastel-Kues, es ist sein HERZ.

7. April, München, Katholische Akademie in Bayern

NIKOLAUS VON KUES
EIN UNIVERSALGELEHRTER
UND SEINE ERSTAUNLICHE AKTUALITÄT

Unter dem Gesamttitel »Nikolaus von Kues. Ein Universalgelehrter und seine erstaunliche Aktualität« findet anläßlich seines 600. Geburtstags eine Tagung in der Katholischen Akademie in Bayern (München) statt.

Prof. Dr. Erich Meuthen (Köln) spricht über »Nikolaus von Kues: das gewisse Etwas einer geschichtlichen Persönlichkeit«.

Prof. Dr. Erich Meuthen, emer. Professor für Mittlere und Neuere Geschichte an der Universität zu Köln

Persönlichkeit als Spiegelung von Epochen und gleichzeitige Einzigartigkeit sind in Cusanus ideal verbunden, ja, verschmolzen; Universalität eines Wissens, aber auch dessen Problematisierung im positiven Sinne wie bei keinem anderen Deutschen seiner Zeit sind nicht weniger mit vitaler persönlicher Dynamik gepaart. Wie fast schon als selbstverständlich erwartet, auch homo politicus im weitesten Sinne, erfährt er gerade hier dann aber gar existenzbedrohende Gefährdung als Landesfürst, nachdem er zunächst politische Siege gestapelt hatte. Der Münchener Vortrag versteht sich zugleich als erste Einführung in einen Zyklus, den die nun einander folgenden, sich mit der Persönlichkeit des Cusanus beschäftigenden Beiträge bilden sollten.

In derselben Veranstaltungsreihe hielt Prof. Dr. Werner Beierwaltes (München) einen Vortrag über das Thema: »Die Einheit von Philosophie und Theologie im Denken des Nicolaus Cusanus«.

Beierwaltes versucht darin, seine im Thema ausgedrückte These anhand einer Rekonstruktion der philosophischen Gedankenelemente der Epiphanie-Predigt von 1456 über Matthäus 2,2: »Ubi est qui natus est rex Judaeorum« zu begründen. Diese Weise, wie eine kühne Exegese biblisch verbürgten Heilsgeschehens und die Intention einer christlichen Bestimmung des Gottesbegriffes sich mit offener philosophischer Reflexion und verborgen wirksamen philosophischen Implikationen verbinden, ist – neben zahlreichen möglichen anderen – ein überzeugendes Paradigma für produktive, dialektisch sich gegenseitig aufschließende Einheit von Philosophie und Theologie im cusanischen Denken.

Prof. Dr. Werner Beierwaltes, emer. Professor für Philosophie an der Universität München

Den Schlußvortrag an diesem Tag hielt PD Dr. phil. habil. Martin Thurner (München): »Unendliche Annäherung. Zur Bedeutung der Gestalt des Nikolaus Cusanus im Jahre seines 600. Geburtstages«.

Dr. Martin Thurner,
Privatdozent für Christliche Philosophie
an der Universität München

Im Vortrag wird der Versuch unternommen, das gegenwärtige Interesse an Cusanus als Ausdruck der ursprünglichen und zukünftigen Bedeutung seiner Gestalt zu interpretieren. Zunächst wurde die Frage nach dem Verhältnis der Technik zum Wesen des Menschen als Ausgangspunkt identifiziert, welcher dem cusanischen Denken und unserer gegenwärtigen Situation gemeinsam ist. In seiner Auffassung von der Technik geht Cusanus in einer Weise über unsere gegenwärtige Wirklichkeit hinaus, die uns heute ebenso intensiv gesuchte wie ungeahnt neue Horizonte eröffnen kann. Cusanus weist den Weg, wie der Techniker zugleich Mystiker sein kann: in dem Moment, wo der Mensch durch den denkenden Rückgang in sich selbst die Unendlichkeit Gottes als Urbild seiner technisch-wissenschaftlichen Kreativität entdeckt, übersteigt er die Grenzen seines intellektuellen Begreifen-Könnens in einem ekstatischen Akt affektiv-mystischer Schau.

Das von Cusanus erfundene Globusspiel wurde vor Schloß Suresnes originalgetreu nachgebaut

19. April bis 11. Mai, Eichstätt, Staats- und Seminarbibliothek

CUSANUS IN EICHSTÄTT
AUSSTELLUNG DER UNIVERSITÄTSBIBLIOTHEK EICHSTÄTT

Vor 550 Jahren

Cusanus in Eichstätt

Kardinal Nikolaus Cusanus, Bischof von Brixen, besuchte als päpstlicher Legat auf seiner Visitationsreise durch Böhmen, Deutschland und die Niederlande vom 5. bis 8. April 1451 Eichstätt.

Dies ist Anlaß zu einer kleinen Ausstellung von frühen Drucken seiner wichtigsten philosophischen Werke, die in der Handschriftenabteilung der Bibliothek der Katholischen Universität Eichstätt aufbewahrt werden.

Ausstellung der Universitätsbibliothek Eichstätt
19. April - 11. Mai 2001
Mo. – Fr. von 8:30 – 17:00 Uhr
Im Foyer der Staats- und Seminarbibliothek,
Hofgarten 1

»ALTE CHORMUSIK IM CUSANUSSTIFT«

21. April, Bernkastel-Kues, Kapelle des St. Nikolaus-Hospitals

Zum Abschluß der »Tage Alter Chormusik« und gleichzeitig als gehobene Einstimmung auf das Cusanusjahr 2001 bringt der »Cusanus-Chor« unter der Leitung von Celso Antunes Werke alter Meister in der Kapelle des Cusanus-Hospitals zur Aufführung: Motetten der Renaissance. Frau Uta Böer gibt den folgenden Rückblick:

»Zu Ehren des großen Sohnes der Stadt, dessen 600. Geburtstag in diesem Jahr gefeiert wird, haben wir Werke der drei größten Meister des 15. Jahrhunderts ausgewählt. Ockeghem und Dufay als Zeitgenossen könnte Nikolaus von Kues durchaus gekannt haben.« So der Brasilianer Celso Antunes, der den »Cusanus-Chor« seit vier Jahren leitet. Dieser Chor trifft sich seit 1984 jedes Jahr in der Osterwoche in Bernkastel-Kues zu den »Tagen Alter Chormusik« und erarbeitet ein Programm, das traditionell am Samstag nach Ostern vorgestellt wird. In diesem Jahr fand dieses Konzert – wie könnte es anders sein – wieder einmal in der vollbesetzten Kapelle des St. Nikolaus-Hospitals statt.

Die Zuhörer erlebten einen exzellenten Chor, der mit viel Einfühlungsvermögen die alte Musik zum Klingen brachte, so wie sie auch Cusanus gehört haben könnte. Im Zentrum stand Dufays Friedensmotette ›Supremum est‹: ». . . O Friede, die mit dir uns beschenkten, herrschen sollen sie immerdar: Eugenius et rex Sigismundus.«

Doch nicht nur Papst Eugen IV. und Kaiser Sigismund bildeten eine Verbindung zu Cusanus, auch die Musik der damaligen Zeit – Beginn des mehrstimmigen Gesangs und des Kontrapunktes – unterstreicht auf ihre Weise die cusanische Philosophie: die »Einheit in der Vielheit« – viele Töne und Stimmen verschmelzen zu einer vollendeten Harmonie.

Bereichert wurde das Programm außerdem mit Instrumentalstücken jener Zeit, eindrucksvoll dargeboten von Ilton Wjuniski am Cembalo.

Programm:

Gregorianik	Alma Redemptoris Mater
Johannes Ockeghem (ca. 1410 – ca. 1497)	Alma Redemptoris Mater
Adam Ileborgh (1448 – 1458)	Praeambulum super D
Fragment Breslau	Tenor
Conrad Paumann (1410 – 1473)	Tenor
Adam Ileborgh	aliud Praeambulum super D
Ludolf Wilkin, Predigtsammlung, 1431	IV or notarum
Conrad Paumann, 1452	O Clemens
	Magnificat sexti toni
Paumgartner (aus dem Buxheimer Orgelbuch)	ohne Titel
C. Paumann? (aus dem Buxheimer Orgelbuch)	Se la face ay pale
Guillaume Dufay (ca. 1400 – 1470)	„Agnus dei" aus der „Missa se la face ay pale"
Johannes v. Lublin	Agnus Dei de Dominica
Anonymus, Frankreich, 1531	Prelude
Anonymus, Portugal	Himno a 3
Guillaume Dufay	Supremum est
Anonymus, 1531	Kyrie
Redford, „Mulliner Book", England	Christe qui lux es
Anonymus, 1531	Magnificat octavi toni
Antoine de Févin	Benedictus
Rainer, Italien, 1517	intavolierte Frottola
Josquin Desprez (ca. 1450 – 1521)	Tu solus qui facis mirabilia
	Memor est verbi tuo
Alonso Mudarra, Sevilla 1546	Cifras
Antonio de Cabezón (1510 – 1566)	Tiento del sexto tono, con segunda parte
Josquin Desprez	„La deploration de Johannes Ockeghem"

23. April, Mainz, Johannes Gutenberg-Universität

NICLAS KREBS, NICOLAUS DE CUSA, NICOLAUS TREVERENSIS FAMILIE UND HERKUNFT DES NIKOLAUS VON KUES

Zur Bereicherung und Vertiefung der am 18. Mai zu eröffnenden Ausstellung »HORIZONTE – Nikolaus von Kues in seiner Welt« findet in Kooperation mit dem »Studium Generale« der Johannes Gutenberg-Universität Mainz eine acht Einheiten umfassende Vorlesungsreihe statt, die zeitversetzt sowohl in Mainz wie in Trier bzw. Bernkastel-Kues angeboten wird. Prof. Dr. Michael Matheus (Mainz) spricht in seiner Vorlesung am 23. 04. in Mainz (27. 06. in Bernkastel-Kues) über »Niclas Krebs, Nicolaus de Cusa, Nicolaus Treverensis. Familie und Herkunft des Nikolaus von Kues« und bringt seine Ausführungen auf folgendes knappe Resümee:

Der Vortrag beleuchtete zunächst das familiäre Umfeld des Kardinals und untersuchte insbesondere die Frage, wie sich die Familie des späteren Kardinals, wie sich ihre einzelnen Mitglieder ihrem gesellschaftlichen Umfeld zuordnen lassen. Cusanus ist folglich nicht der Sohn eines einfachen Moselschiffers, sein Vater zudem quellenmäßig weniger als Schiffer und Kaufmann, sondern mehr dank seiner beachtlichen Finanzgeschäfte faßbar. Als ein in einer ländlichen Siedlung ansässiger Finanzier bzw. Bankier ist er wohl zutreffend beschrieben.

Im zweiten Teil des Vortrags wurde die Frage untersucht, als wie außergewöhnlich im 15. Jahrhundert jene Karriere gelten kann, die Nikolaus aus dem kleinen Moselort Kues in hohe Kirchenämter führte. Möglichkeiten sozialer Mobilität, vertikaler wie horizontaler, wurden im kirchlichen Bereich der Orden und des Weltklerus herausgearbeitet. Vor diesem Hintergrund erscheint die Karriere des Cusanus durchaus nicht als Ausnahme, wenngleich er als Fürstbischof und Kardinal andere Aufsteiger der Zeit, die führende kirchliche Ämter erlangten, überragt. In bestimmten Bereichen weisen die gesellschaftlichen Verhältnisse in der Zeit des Cusanus jedenfalls eine bemerkenswerte Dynamik auf.

Haupteingang zur Johannes Gutenberg-Universität in Mainz

DAS CUSANUS-PRINZIP IN WIRTSCHAFT UND GESELLSCHAFT

26. April, Bernkastel-Kues, Akademie Kues

Der Unternehmensberater Dr. Manfred Sliwka hält am 26. 04. in der Akademie Kues einen Vortrag zu dem Thema: »Das Cusanus-Prinzip in Wirtschaft und Gesellschaft. Die ›Einheit in den Gegensätzen‹ als Kern intelligenter Wirtschafts- und Gesellschaftsentwicklung«. Dazu führt der Referent zusammengefaßt aus:

Durch die Entwicklung der »Systemtheorie« wird zunehmend erkannt, daß dem Gedeihen lebendiger Systeme in der Vielfalt der Erscheinungen einheitliche Grundmuster zugrunde liegen. Das entspricht dem Cusanus-Prinzip der Frage nach der Einheit in den Gegensätzen. Das ist auch in der Planung und Entwicklung gesellschaftlicher Prozesse konkret anwendbar. Soziale Marktwirtschaft z. B. ist das Ergebnis der Einheit in den Gegensätzen von ökonomischer Effizienz und sozialem Ausgleich. Auch der vermeintliche Widerspruch zwischen Ökonomie und Ökologie löst sich auf. So kann das Cusanus-Prinzip ideologische Fronten entschärfen, mithelfen, Konflikte zu lösen, und zu einem Wertekonsens auch in einer pluralen Welt hinführen – auf der Suche nach dem Gedeihen des Lebens in Vielfalt und Fülle.

DAS CUSANUS-PRINZIP IN WIRTSCHAFT UND GESELLSCHAFT.

DIE „EINHEIT IN DEN GEGENSÄTZEN" ALS KERN INTELLIGENTER WIRTSCHAFTS- UND GESELLSCHAFTSENTWICKLUNG

Referent
Dr. oec. Manfred Sliwka

Donnerstag, den 26.04.2001, 19.00 - 20.30 Uhr
in der
AKADEMIE KUES, Stiftsweg 1,
54470 Bernkastel-Kues

1. Mai, Trier, Hohe Domkirche Trier

NIKOLAUS VON KUES ALS PREDIGER IM TRIERER DOM
ABENDLOB ZUM 600. GEBURTSTAG VON NICOLAUS CUSANUS

Im Rahmen der Heilig-Rock-Tage 2001 war das Abendlob im Trierer Dom am 1. Mai 2001 dem Gedenken an Nikolaus von Kues gewidmet. Professor Klaus Reinhardt (Cusanus-Institut) trug dabei drei Texte aus Predigten des Nikolaus von Kues vor, die dieser höchstwahrscheinlich im Trierer Dom gehalten hat.

Abbildung des Trierer Doms aus einem Graduale (1512–1515), das heute im Bistumsarchiv in Trier aufbewahrt wird.

Der erste Text stammt aus der Karfreitagspredigt des Jahres 1443 (Sermo XXVIII, N. 4). Cusanus hört in dem Schrei des sterbenden Jesus (Mk 15,38) nicht den Schrei eines von Gott Verlassenen, für ihn ist es ein österlicher Ruf, in den alle Stimmen einmünden, die jemals Gottes Wahrheit in der Welt bezeugt haben; es ist das definitive Lautwerden des göttlichen Wortes in der Welt. Die beiden anderen Texte sind der Predigt CVIII entnommen, die der Kardinal am 31. Oktober 1451 gehalten hat. Ausgehend vom Evangelium von der Heilung des Gelähmten (Mt 9,8) spricht Cusanus von den Fähigkeiten der menschlichen Natur. »Die menschliche Natur ist von sich her wie ein Auge, in der Adamsnatur das Auge eines Maulwurfs, in der Christusnatur dagegen das Auge eines Adlers« (Sermo CVIII, N. 10). Das Heidelberger Ensemble Officium umrahmte die Texte mit Gregorianischem Choral sowie Gesängen von Heinrich Isaak, Guillaume Dufay, Maurice Duruflé, Arvo Pärt und Josquin Despréz.

Heilig-Rock-Tage 2001
„Bei deinem Namen gerufen"

Dienstag, 1. Mai 2001, 21 Uhr

in der Hohen Domkirche Trier

Wort:
Prof. Dr. Klaus Reinhardt

Musik:
ENSEMBLE OFFICIUM
(Heidelberg/Tübingen)
Leitung: Wilfried Rombach

CUSANUS UND SEINE WELT

7. Mai, Mainz, Johannes Gutenberg-Universität

Prof. Dr. Erich Meuthen spricht in Mainz (8. Mai in Trier) über »Cusanus und seine Welt«. Sein Fazit ist dies:

Weiteste lebensgeschichtliche Erfahrung von »Welt« ist in die noetische Spekulation des Cusanus eingegangen und hat diese, nicht zuletzt dank ihrem ständigen Hinüberweisen in theologische Wende, unbeendbar offen gemacht. Der Pluralismus lebensweltlicher Opposita ist für diese Einsicht unerläßlich und konstituiert die Quasi-Göttlichkeit des Individuums. Est igitur homo microcosmos aut humanus quidem mundus. Potest igitur homo esse humanus deus. Gleichwohl steht auch die scientia laudis in einem Gegensatz zur scientia mortis um das verlorene Heil. Die geschichtliche Existenz ist damit auf die wesentlichen Grundgegebenheiten gebracht, spiegelt aber zugleich die Lebensleistung, die sie dem Individuum beim Übergang in die Neuzeit abverlangte.

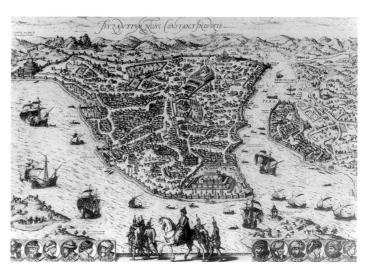

Ansicht von Konstantinopel. Exponat im Geburtshaus des Nikolaus von Kues

Ankunft der griechischen Flotte in Venedig am 4. Februar 1438. Exponat im Geburtshaus des Nikolaus von Kues

10. Mai bis 3. Juni, Schweich, Synagoge

ZEICHNERISCHE UND MUSIKALISCHE KONSONANZ
Ausstellung »Zeichnerische und musikalische Konsonanz« von Monica Pauly, Trier, in der Synagoge Schweich.

In seinen einführenden Worten betont Prof. Alois Peitz: Es ist von einer inneren Logik, daß Zeichnungen zu musikalischen Themen und Vorgängen etwas vom Rhythmus, vom Kontrapunkt, vom Wiederholen und Aufreihen in sich tragen. Rational Geordnetes wechselt mit emotional Expressivem.

Die Musik, die Bildende Kunst, das Leben überhaupt existieren aus diesem schwebenden, statisch instabilen Zustand. Im Zusammenspiel von Kraft und Gegenkraft suchen sie sich dynamisch zu stabilisieren. Monica Paulys Arbeiten sind Formulierungen und Ausdruck dieses Lebensprinzips.

Pianist Siegfried Mauser, 1995, Kohlezeichnung auf Notenkopie

»CUSANUS HÖREN«
Lesung ausgewählter Passagen von Cusanus, De pace fidei, und Lessing, Ringparabel

12. Mai, Bernkastel-Kues, Akademie Kues

Kammerschauspieler Günther Reim rezitierte die Ringparabel aus Lessings Nathan dem Weisen sowie Texte aus De pace fidei des Cusanus. Voraus ging eine Einführung von Prof. Klaus Reinhardt (Cusanus-Institut Trier). Er stellte das gerade heute hoch aktuelle gemeinsame Grundanliegen der beiden Denker heraus, den Frieden unter den verschiedenen Glaubensrichtungen, die religiöse Toleranz. Er wies darauf hin, daß Lessing zwar De pace fidei kannte und ins Deutsche übersetzen lassen wollte, daß aber die Ringparabel auf eine andere mittelalterliche Vorlage zurückgeht, die in Boccaccios Decamerone überliefert ist, und daß inhaltlich gesehen ein beträchtlicher Unterschied zwischen den Vorstellungen der beiden Denker besteht. Die una religio in rituum varietate des Cusanus setzt die Überzeugung voraus, daß in Christus die Wahrheit und die Vernunft offenbar geworden ist und daß die verschiedenen Religionen durch einen vernünftigen Dialog zur Erkenntnis dieser Wahrheit kommen können.

Die Veranstaltung wurde musikalisch umrahmt durch gregorianische Gesänge, vorgetragen von einer Kueser Choralschola.

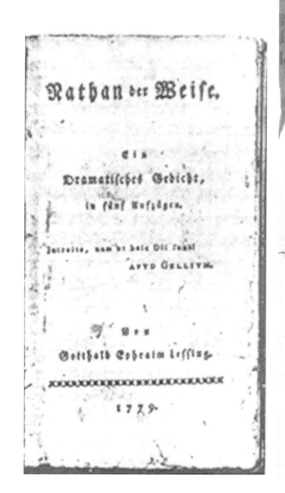

12. Mai, Bernkastel-Kues

TAGESFAHRT DER VOLKSHOCHSCHULE SCHWEICH NACH BERNKASTEL-KUES ALS SPURENSUCHE

Unter der Führung von Frau Gertrud Emmrich unternimmt die Volkshochschule Schweich eine Exkursion nach Bernkastel-Kues, um dort den Spuren des Nikolaus von Kues nachzugehen. Hierüber erreichte uns folgender Kurzbericht:

Das Programm beinhaltete Führungen: Kapelle im St. Nikolaus-Hospital, Bibliothek, Kreuzgang, Geburtshaus, Pfarrkirche St. Michael, Altar (NvK und Schwester).

Die Teilnehmer erhielten u. a. einen umfassenden Einblick in Leben und Werk des Nikolaus von Kues, in die Vielschichtigkeit und Lehren seines genialen Geistes. (Zu weiteren »Spuren des Nikolaus von Kues« s. u. 127–130.)

Pfarrkirche St. Michael. Die ursprüngliche Kirche wurde 1386 vollendet.

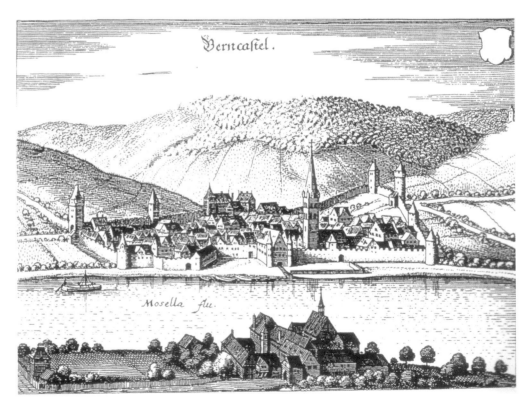

Bernkastel. Stich von Matthias Merian, 1646

DE LUDO GLOBI

13. Mai, Bernkastel-Kues, Akademie Kues u. St. Nikolaus-Hospital

Im Innenhof des Kreuzganges vom St. Nikolaus-Hospital erklärt Prof. Dr. Kurt Flasch (Bochum/Mainz) anhand einer dort eigens auf dem Boden angebrachten Aufzeichnung des Globus-Spiels dieses von Cusanus erfundene Spiel. Dabei spielt er es mit einer Schülerin des Nikolaus-von-Kues-Gymnasiums von Bernkastel vor. H. Gestrich faßt seine Eindrücke wie folgt zusammen:

Rechtzeitig vor Beginn der Festwoche war im Innenhof des St. Nikolaus-Hospitals das Globusspiel des Cusanus fertig geworden. Es stellt zehn Kreise dar, wobei der zentrale Kreis in der Mitte zugleich der kleinste (weil ein Punkt) wie der bedeutendste ist, weil er das Ziel des Laufs der Kugel vom äußeren Kreis nach innen darstellt. Die Kreise haben verschiedene Bedeutungen, sie versinnbildlichen aufsteigende Stufen des Weges der Erkenntnis bis hin zum Mittelpunkt, welcher Christus ist.

Wie Hermann-Josef Esser aus der cusanischen Schrift »De ludo globi« zitierte, handelt es sich um ein vergnügliches Spiel mit einem tiefen philosophischen Sinn, das Cusanus einst seinen Zuhörern, den Herzögen Johannes und Albrecht von Bayern, erklärte. Der Mensch ist dargestellt durch eine Kugel, aber keine vollendete, sondern eine mit einer Delle, wodurch die menschliche Individualität ausgedrückt wird.

Wie eigenwillig diese Kugel läuft, das mußten Professor Kurt Flasch und die mitspielende Abiturientin Verena Haart erkennen; denn sehr oft landete die Kugel nicht im inneren Kreis der Vollendung, sondern außerhalb des äußeren Kreises im Chaos. So wechselten im sonnendurchfluteten Innenhof des Hospitals die Kugelwürfe und die Erklärungen zum Kugelspiel einander ab, bis die zahlreichen Zuhörer selbst aktiv wurden und versuchten, die Kugel – ihres Lebens – mit möglichst wenig Würfen in den Mittelpunkt zu bewegen.

Kugeln in Licht und Schatten, zwischen den Kreisen von Erkenntnis und Chaos: Professor Kurt Flasch und Verena Haart demonstrieren im Innenhof des Cusanusstifts das Globusspiel. Foto: Marita Blahak

14. Mai, Mainz, Johannes Gutenberg-Universität

NIKOLAUS CUSANUS ZWISCHEN DEUTSCHLAND UND ITALIEN

In Mainz (4. Juli in Trier) referiert K. Flasch über »Nicolaus Cusanus zwischen Deutschland und Italien«.

14. Mai bis 29. September, Koblenz, Florinskirche

»MITMACH-AUSSTELLUNG« ZUM 600. GEBURTSTAG VON NIKOLAUS VON KUES

Gemeinsames Projekt des Instituts für Evangelische Theologie und des Fachgebietes Techniklehre der Universität in Koblenz

»Nikolaus von Kues im Rahmen der Erlebnisausstellung ›Abenteuer Florinskirche‹« nennt sich eine Veranstaltung in der Florinskirche zu Koblenz. Dazu berichtet Thomas Martin Schneider:

Daß Theologen und Techniker gut zusammenarbeiten können, bewies eine »Mitmach-Ausstellung« in der Florinskirche in Koblenz im Jahr des 600. Geburtstages von Nikolaus von Kues. Konzipiert von Dr. Thomas Schneider vom Institut für Evangelische Theologie der Universität in Koblenz, wurde sie angefertigt von Studierenden des Fachgebietes Techniklehre unter Anleitung von Ak. Rat Martin Fislake. Die Materialkosten übernahm die Studienförderung Rheinfrieden e. V. Leben und Werk des bedeutenden Denkers des 15. Jahrhunderts wurden Besucherinnen und Besuchern an historischer Stätte in schülergemäßer Form nahe gebracht. Informationstafeln sollten immer wieder durch eigene Beiträge ergänzt werden. An Hand seines »Kugelspiels« (Globulus Cusani) im Großformat konnte man in spielerischer Form etwas über Nikolaus' philosophisch-theologisches Programm des »Ineinsfallens der Gegensätze« (Coincidentia oppositorum) erfahren. Durch »Worttafeln«, die wie ein Puzzle zusammengesetzt werden mußten, wurde man an einen weiteren Leitgedanken, die »belehrte Unwissenheit« (docta ignorantia), herangeführt. Mit Hilfe eines »Glücksrades« konnte man überprüfen, was man verstanden und behalten hat, und man konnte an einem Preisausschreiben teilnehmen (Hauptgewinn: ein Familienwochenende in Bernkastel-Kues, gestiftet von der dortigen Tourist-Info). Die »Mitmach-Ausstellung« liegt auch als komplettes Arbeitsheft gedruckt vor (TH. M. Schneider, Nikolaus von Kues. Materialien für den Unterricht, Paulinus Verlag Trier 2002).

DIE FESTWOCHE

»HORIZONTE – NIKOLAUS VON KUES IN SEINER WELT«

18. Mai bis 30. September, Trier, Bischöfliches Dom- und Diözesanmuseum und Bernkastel-Kues, St. Nikolaus-Hospital

Feierliche Eröffnung der Cusanus-Festwoche mit der Vernissage der großen Jubiläumsausstellung im Bischöflichen Dom- und Diözesanmuseum zu Trier und im St. Nikolaus-Hospital zu Bernkastel-Kues: »Horizonte – Nikolaus von Kues in seiner Welt«.

H. Dr. Marc-Aeilko Aris (früher Cusanus-Institut), der gemeinsam mit H. Dr. Winfried Weber, Direktor des Dom- und Diözesanmuseums, federführend die Ausstellung vorbereitet hat, sagt in seinen Einleitungsworten:

Spätestens seit Beginn des 19. Jahrhunderts gilt Nikolaus von Kues als Prototyp der Neuzeit, als Symbolfigur für die Epochenschwelle zwischen Mittelalter und Neuzeit. Er habe neue Horizonte eröffnet und sich mit seinem Denken in neue, bisher unbekannte Räume vorgetastet. Die Austellung »Horizonte. Nikolaus von Kues in seiner Welt« will dieses Klischee durchbrechen. Nikolaus von Kues wird in seiner Lebenswelt vorgestellt – dort, wo er geboren wurde: in Kues, und dort, wo er seine erste öffentliche Predigt gehalten hat: in Trier.

In Trier werden im Dom- und Diözesanmuseum die verschiedenen Lebenswelten des Cusanus entfaltet und die Bildwelten, die er wahrgenommen hat. In Bernkastel-Kues werden im St. Nikolaus-Hospital die Lesewelt des Cusanus aufgeblättert und die Bildwelt gezeigt, die er angeregt hat. Im Geburtshaus wird ein Infopool geschaffen, in dem seine Biographie nachvollzogen werden kann, ein Video über Nikolaus von Kues gezeigt sowie ein Verkaufs- und Informationsstand zur Verfügung gestellt.

Gezeigt wird die enge Welt, der Nikolaus entstammt; die Welt, die er sich durch Studium, Lektüre und Experimente erschlossen hat, die Welt, in der er versuchte, als Reformator zu wirken und scheiterte, und die bessere Welt, die er erhoffte. Gezeigt werden Bilder, die Cusanus mit eigenen Augen gesehen hat, Instrumente und Handschriften, mit denen er selbst gearbeitet hat; Bücher, die er selbst geschrieben hat.

Veranstaltet wird die Ausstellung vom Bischöflichen Dom- und Diözesanmuseum, Trier, und dem St. Nikolaus-Hospital, Bernkastel-Kues, in Kooperation mit der Cusanus-Gesellschaft. Unterstützt wird die Ausstellung vom Max-Planck-Gymnasium, Trier, und vom Angela-Merici-Gymnasium, Trier.

Die Ausstellung wird von der Kulturstiftung Rheinland-Pfalz großzügig gefördert.

20. Mai, Bernkastel-Kues, St. Briktius, Taufkirche des Nikolaus von Kues

»LOB GOTTES DER RELIGIONEN«

In der Pfarrkirche St. Briktius zu Kues findet unter dem Titel »Lob Gottes der Religionen« anläßlich des 600. Geburtstages des Nikolaus von Kues ein Festkonzert statt, das in der vollbesetzten Kirche einen großen Applaus erntete. Gerhard W. Kluth berichtet wie folgt:

Musikalisch begann die Cusanus-Festwoche mit einem Paukenschlag, der gewaltiger nicht hätte sein können. In der vollbesetzten St. Briktius-Kirche in Kues waren Akteure und Besucher gleichermaßen begeistert. Unter dem Titel »Lob Gottes der Religionen« hatten sich alle Akteure der Stadt, die mit klassischer Musik zu tun haben, zusammengetan, um den großen Sohn der Stadt zu ehren. Die Einheit in der Vielfalt, wie sie von Cusanus vertreten und gelehrt wurde, nahm einen breiten Raum ein, und allein dieser Umstand machte den Abend zu einem Erlebnis. Vergessen waren alle Rivalitäten, weggefegt alle Feindschaften. In »De pace fidei« sagt Cusanus: »Und alle werden erkennen, wie es nur eine einzige Religion in der Ritenmannigfaltigkeit gibt.« In der Pfarrkirche St. Briktius wurde diese Aussage bestätigt.

Offensichtlich hatten die Organisatoren von Anfang an keinerlei Zweifel daran, daß der Abend ein Erfolg werden würde. Denn den Anfang des Konzerts bildete die Sinfonia aus einer der großen Dankkantaten von Johannes Sebastian Bach, der Kantate 29, »Wir danken dir, Gott, wir danken dir«. Es folgte die Kantate 137 des Thomaskantors, in der Bach den neben »Ein feste Burg« wohl berühmtesten protestantischen Choral verarbeitet hat, den wir kennen, »Lobe den Herren«. Den Schluß des Abends bildete der meist gesungene katholische Lobgesang, das Te Deum, in der sehr bekannten Fassung des französischen Komponisten Marc-Antoine Charpentier. Damit waren die beiden Eckpfeiler gesetzt, zwischen denen sich die religiöse und musikalische Vielfalt ausbreiten konnte. Die hervorragende Leistung der Musiker zu würdigen fällt schwer, denn der Abend wurde von intensiven Emotionen geprägt. Trotzdem darf das Verdienst auf diesem Gebiet nicht vergessen werden. Alleine schon die Tatsache, daß die Chöre der Stadt – beteiligt waren die Chöre der evangelischen Kirche, der katholischen Pfarreien Bernkastel, Kues und Wehlen,

der Bernkasteler Männergesangverein und der Frauenchor – zu einem einzigen Klangapparat verschmolzen wurden, ist höchste Anerkennung wert. Mit Begeisterung hatten die gut 100 Choristen ihre Aufgabe übernommen und präsentierten das Ergebnis ihrer monatelangen Probearbeit. Dazu gesellte sich der Chor »Projekt Vocal«, der mit geistlicher Musik des 20. Jahrhunderts die musikalische Palette anreicherte.

Nicht minder großzügig muß die Anerkennung für die Dirigenten Wolfgang Lichter (Te Deum), Josef Thiesen (Lobe den Herren) und Michael Meyer (Projekt Vocal) sowie das Bernkasteler Kammerorchester, verstärkt durch die Camerata Cusana, ausfallen. Alle zusammen stellten sich in den Dienst des Lobpreises, wie er besser nicht hätte ausfallen können.

Mit Maria Fernández Urrechu und Monika Lenz (Sopran), Marion Eckstein (Alt), Bernd Klauck (Tenor) und dem Bassisten Vinzenz Raab hatten die Veranstalter Solisten zusammengestellt, die ausgezeichnet in die Konzeption des Abends passten. Sie leisteten nicht nur künstlerisch Hervorragendes, sondern ließen sich von der religiösen Komponente mittragen.

Kern des Abends war aber das Nebeneinander – oder vielleicht sollte man besser sagen – das Miteinander der liturgischen Gesänge der drei großen Religionen. Für die christlichen Kirchen intonierte eine Choralschola den gregorianischen Introitus des Ostersonntags und die Antiphon »Regina coeli«. Der Hafis Mubarak Ahmad trug islamische Gesänge vor, die Suren des Korans zum Inhalt hatten. Bei aller Gleichberechtigung der Vorträge war aber der Höhepunkt der jüdische Anteil, interpretiert von der in Nürnberg lebenden Opernsängerin Norma Leer. Als sie das jüdische »Vater unser« anstimmte, konnte sich niemand der Würde und dem Gefühl des Augenblicks entziehen. Hier passierte etwas Großes.

Entsprechend auch der Kommentar des Hausherrn der Pfarrkirche, Pfarrer Moritz: »Ich bin glücklich darüber, daß ich diesen Abend miterleben durfte. Wenn auch die Unterschiede zwischen den Religionen sichtbar wurden, so zeigte sich doch, daß wir alle auf letztendlich ein großes Ziel hinsteuern.«

21. Mai, Bernkastel-Kues, Festsaal des Weinmuseums

DIE EINHEIT DER NATUR IM DENKEN DES NIKOLAUS VON KUES UND UNSERE VERPFLICHTUNG ZUM UMGANG MIT IHR

Im Festsaal des Weinmuseums hält Prof. Dr. Altner von der Universität Heidelberg einen Vortrag zu dem Thema: »Die Einheit der Natur im Denken des Nikolaus von Kues und unsere Verpflichtung zum Umgang mit ihr«.

Die Veranstaltung mit Professor Dr. Günter Altner aus Heidelberg ging auf eine Initiative des Gemeindeverbandes Bernkastel-Kues des Bündnisses 90/Die Grünen zurück. Im vollbesetzten Festsaal des Weinmuseums kam der Referent zunächst auf den Ist-Zustand der Umwelt zu sprechen. Mit zahlreichen Beispielen belegte er die Voraussage, daß schwere Katastrophen unvermeidlich seien, wenn alles so weitergehe wie bisher.

Aus den Schriften des Cusanus könne man Grundsätze ableiten, deren Befolgung die negative Entwicklung umzukehren geeignet seien. Einer der zentralen Begriffe sei die Einheit der Natur, zu der der Mensch gehöre. Der Mensch müsse sich als Teil des Ganzen begreifen; dann entwickele sich wie von selbst seine Ehrfurcht vor der Schöpfung. Diese Ehrfurcht zeige ihm die Grenzen auf, was machbar und was nicht erlaubt ist. Leider fehle aber sowohl den in Umweltkonferenzen beschlossenen Resolutionen wie den Einsichten des großen Denkers Nikolaus von Kues die Durchsetzung in der Praxis.

Mit Blick auf die Diskussionen in bezug auf die Genforschung war Professor Altner in der Diskussion der Ansicht, daß auch die möglichen positiven Ergebnisse der Forschung die Tötung von Lebewesen nicht rechtfertigten.

»NE CONFUSIO FIAT«
Der Rechtsgelehrte Nicolaus Cusanus zwischen Kirchentheorie und Rechtsanwendung

21. Mai, Mainz, Johannes Gutenberg-Universität

In Mainz (05. September in Trier) referiert Frau Prof. Dr. Ilona Riedel-Spangenberger zu dem Thema: »Ne confusio fiat. Der Rechtsgelehrte Nicolaus Cusanus zwischen Kirchentheorie und Rechtsanwendung«.

TAG DER SCHULEN

21. u. 22. Mai, Bernkastel-Kues, Nikolaus-von-Kues-Gymnasium

Unter Federführung des Nikolaus-von-Kues-Gymnasiums in Bernkastel-Kues wird an beiden Tagen im Schulzentrum Bernkastel-Kues ein »Tag der Jugend und der Schulen« begangen. Unter Beteiligung der Schulen wird eine Ausstellung aufgebaut, werden Theater- und Musikstücke gespielt sowie Projekte und Facharbeiten zu Nikolaus von Kues prämiert. Der verantwortliche Leiter dieser beiden Tage, H. Oberstudiendirektor Dr. Karl-Heinz Musseleck, gibt als Fazit zu Protokoll:

Am 21. und 22. Mai 2001 fand in Bernkastel-Kues unter dem Titel »Tag der Schulen« ein Treffen aller Gymnasien statt, die nach Nikolaus von Kues benannt sind, soweit sie ausfindig gemacht werden konnten. Es handelt sich um folgende Schulen:

Nicolaus-Cusanus-Gymnasium Bergisch-Gladbach,
Nikolaus-von-Kues-Gymnasium Bernkastel-Kues,
Nicolaus-Cusanus-Gymnasium Bonn,
Humanistisches Gymnasium »Nikolaus Cusanus« Bruneck/Italien,
Cusanus-Gymnasium Erkelenz,
Cusanus-Gymnasium St. Wendel,
Cusanus-Gymnasium Wittlich.

Tag der Schulen

21.05. Atrium Nikolaus-von-Kues-Gymnasium

14.15 Uhr	Humanistisches Gymnasium „Nikolaus Cusanus", Bruneck/Italien:
	„Das Spiel vom Kugelspieler" von Josef Feichtinger - Theaterstück -
16.30 Uhr	Nicolaus-Cusanus-Gymnasium Bergisch Gladbach:
	Konzert des Bläserorchesters
Gambensonate g-moll für Viola und Klavier von J.S. Bach
Petite Suite für Klavier vierhändig von Cl. Debussy
„Motus Nigri"; Gymnastik-Tanzkurs
„Tempo"; szenische Darstellung
„Totale Finsternis"; szenische Darstellung
Ausschnitte aus verschiedenen Musicals
18.00 Uhr	Cusanus-Gymnasium Erkelenz:
Konzert des Schulorchesters
19..00 Uhr	Bischöfliches Cusanus-Gymnasium Koblenz:
„Die große Reise des Christoph Kolumbus"; Musical von Peter Kay

Sporthalle der Verbandsgemeinde

14.00 Uhr	Begrüßung und Eröffnung
14.15 Uhr	Bischöfliches Cusanus-Gymnasium Koblenz:
	Konzert der Mittelstufen-Band
15.30 Uhr	Cusanus-Gymnasium Erkelenz:
	Gaukler-Truppe
17.00 Uhr	Nikolaus-von-Kues-Gymnasium Bernkastel-Kues:
	Konzert der Big Band
19.00 Uhr	Cusanus-Gymnasium St. Wendel:
Konzert der Big Band „Urknällchen"

22.05.	Atrium des Nikolaus-von-Kues-Gymnasiums	Sporthalle der Verbandsgemeinde
9.00 Uhr	Cusanus-Gymnasium Bonn-Bad Godesberg: „Nikolaus-von-Kues – Annäherung an sein Jahrhundert" - öffentliche Theaterprobe -	9.00 Uhr – Nikolaus-von-Kues-Gymnasium Bernkastel-Kues: Plautus: Goldtopfkomödie; Theaterstück
11.00 Uhr	Cusanus-Gymnasium Wittlich: Musical „Florian auf der Wolke"	11.00 Uhr – Nikolaus-von-Kues-Gymnasium Bernkastel-Kues, Nicolaus-Cusanus-Gymnasium Bergisch Gladbach: Akrobatik
14.00 Uhr	Nikolaus-von-Kues-Gymnasium Bernkastel-Kues: Renaissance-Tänze Spielmannslieder	14.00 Uhr – Nicolaus-Cusanus-Gymnasium Bergisch Gladbach Konzert der Big Band
15.00 Uhr	Cusanus-Gymnasium St. Wendel: Konzert des Schülerorchesters Cusanus	

Tag der Schulen – Präsentationen

Plakate mit Cusanus-Portraits
(Bergisch Gladbach)

Broschüre: Nikolaus von Kues – Betrachung einer St. Wendeler Schulklasse

Cusanus-Tafel
Das Leben der Nikolaus von Kues als Comic
(St. Wendel)

Das Kugel-Spiel
Kleidung der Renaissance

Cusanus-Biografie als Comic

Die Reisen des Nikolaus von Kues
und andere Ergebnisse der Projektwoche
(Bernkastel-Kues)

Der Tag wurde durch mehrere Besprechungen auf Schulleitungsebene vorbereitet. Sie fanden im Geburtshaus des Cusanus und in der Cusanus-Akademie statt, teilweise in Anwesenheit des Vorsitzenden der Cusanus-Gesellschaft, Herrn Dr. Gestrich. Die Vertreter der einzelnen Schulen waren sehr erfreut, daß die nach Cusanus benannten Schulen anläßlich des Jubiläums zum ersten mal in engeren Kontakt miteinander kamen. Die Atmosphäre war von Anfang an ausgesprochen freundschaftlich und die Kooperation sehr eng. Das Schülertreffen sollte, so kam man überein, sowohl der Würdigung des Namensgebers als auch dem Kontakt der nach ihm benannten Schulen untereinander dienen.

Den Vorüberlegungen entsprechend gestaltete sich der Tag der Schulen am 21. und 22. Mai 2001 so:

Die einzelnen Schulen hatten Programmpunkte verschiedenster Art vorbereitet (Theater, klassische Musik, Big-Band-Repertoires, sportliche Aktivitäten und anderes), um sie den Schülerinnen und Schülern der anderen Schulen sowie der Öffentlichkeit zu präsentieren. Die einzelnen Gruppen reisten am Montag Vormittag an, die Theatergruppe aus Bruneck bereits am Sonntag. Insgesamt fanden sich rund 1000 Schülerinnen und Schüler ein. Nach der Ankunft begannen sie mit den Vorbereitungen und Verständigungsproben, oder sie besichtigten die Stadt mit den Cusanus-Stätten. Am frühren Nachmittag begann ein niveauvolles und buntes Programm im Atrium des Nikolaus-von-Kues-Gymnasiums und in der Sporthalle der Verbandsgemeinde Bernkastel-Kues (vgl. dazu die Programm-Übersicht S. 35–36). Es wurde eröffnet durch Begrüßungsansprachen von Oberstudiendirektor Dr. Musseleck, Herrn Dr. Gestrich, dem Vorsitzenden der Cusanus-Gesellschaft, und Stadtbürgermeister Port. Zur großen Freude aller war auch Dr. Egger, der Bischof der Diözese Bozen-Brixen, anwesend und sprach einige sehr liebevolle Sätze. Das Programm umfaßte den gesamten Montag Nachmittag und Abend, den Dienstag Morgen und frühen Nachmittag. Außer den Bühnenveranstaltungen gab es Ausstellungen von Schülerarbeiten, die meist in Projektwochen zu Cusanus und seiner Zeit an den einzelnen Schulen entstanden waren. Wie schon vor Beginn der Aktivitäten nutzten die Schülerinnen und Schüler von den auswärtigen Schulen die Zwischenzeiten zu Besuchen in der Stadt, im Geburtshaus des Nikolaus, im Hospital, wo zwei eigene Führungen für sie angeboten wurden. Die freie Zeit, vor allem am Abend, diente dem Kennenlernen und dem regen Austausch der Schüler/innen untereinander.

Untergebracht waren die auswärtigen Teilnehmer/innen zum Teil in den Familien unserer Schüler/innen, zum Teil in Jugendherbergen in der Stadt und in der näheren Umgebung, einige in der Sporthalle des Nikolaus-von-Kues-Gymnasiums. Mittags wurde für alle in der Güterhalle ein Mittagessen angeboten, darüber hinaus wurden sie von den Schülerinnen und Schülern unserer Schule mit Essen und Getränken versorgt. Die Organisation insgesamt lag in den Händen des Nikolaus-von-Kues-Gymnasiums.

Die beträchtlichen Kosten, die den einzelnen Schulen entstanden, konnten durch einen Zuschuß seitens des Kulturfördervereins Bernkastel-Kues in Grenzen gehalten werden.

Das Treffen war ein großer Erfolg. Die Schülerinnen und Schüler hatten viel Freude bei den Aufführungen und bei den Kontakten miteinander. Sie fühlten sich gut versorgt und waren sehr zufrieden. Auch Stadt und Landschaft waren ein großes Ereignis für sie.

Die Kolleginnen und Kollegen gingen mit dem starken Wunsch auseinander, die einmal geschlossenen Kontakte in der Zukunft unbedingt aufrecht zu erhalten.

Nikolaus-von-Kues-Gymnasium in Bernkastel-Kues

23. Mai, Schweich, Synagoge

»KOMPONISTENPORTRAIT WOLFGANG RIHM«

In der Synagoge Schweich wird unter dem Titel »Coincidentia oppositorum« diese grundlegende cusanische Thematik musikalisch, rhetorisch und malerisch darzustellen versucht. Es wirken mit die Musiker Gottfried Schneider (Violo), Sebastian Hess (Violoncello), Siegfried Mauser (Klavier und Moderation), Wolfgang Rihm als Sprecher und Monica Pauly als Zeichnerin. Frau Gertrud Emmrich, Volkshochschule Schweich, berichtet wie folgt darüber:

»Hommage à Nikolaus von Kues« – Ausstellung und Konzert in der Synagoge Schweich. Thema: »Das Verschmelzen von Gegensätzlichem und dessen Darstellung in Musik und Kunst«

Ausstellung »Zeichnerische und musikalische Konsonanz« von Monica Pauly (s. o. S. 32).

Wolfgang Rihm ist einer der führenden zeitgenössischen Komponisten. Seit vielen Jahren beschäftigt er sich mit dem Werk des großen Philosophen Nikolaus von Kues. Ihm hat er ein Oratorium gewidmet, das u. a. im Oktober 2001 an drei aufeinanderfolgenden Abenden in der Berliner Philharmonie aufgeführt wurde.

Der international bekannte Musikwissenschaftler und Pianist Siegfried Mauser beschäftigt sich ebenfalls seit vielen Jahren mit Nikolaus von Kues. Dessen Persönlichkeit und Lehren wurden zum Gegenstand reger Diskussionen zwischen Mauser und Rihm, die wiederum zu einer Freundschaft zwischen den beiden Musikschaffenden führte. Im Rahmen der Moderation stellte Siegfried Mauser diese Bezüge her zu den Thesen von Nikolaus von Kues und der Musik von Wolfgang Rihm. Das Interesse der Mitwirkenden erleichterte es der VHS Schweich, ein Projekt als Beitrag zum Cusanus-Jahr auszuarbeiten, das von zahlreichen Besuchern gewürdigt wurde und zu »cusanischen« Denkanstößen beitragen konnte.

Synagoge Schweich

DER BESUCH DES BUNDESPRÄSIDENTEN

23. Mai, Bernkastel-Kues

Der 23. Mai 2001 war ein heller, freundlicher Frühsommertag. Es war der Tag vor Christi Himmelfahrt, an dem der Festakt des Cusanus-Jubiläumsjahres gestaltet werden sollte, und der Höhepunkt des Festakts war der Besuch des Bundespräsidenten. Bei den für die Planung des Festes Verantwortlichen kam freudige Erleichterung auf; denn sie hatten darauf gesetzt, daß der Festakt unter freiem Himmel stattfinden sollte. Am frühen Nachmittag traf der Ministerpräsident des Landes Rheinland-Pfalz, Kurt Beck, mit dem Wagen auf dem Kueser Werth ein, auf dem der Bundespräsident mit dem Hubschrauber erwartet wurde. Es dauerte dann auch nicht lange, bis der Hubschrauber am wolkenlosen Himmel erschien und auf der dafür vorgesehenen Wiese landete. Es folgte eine herzliche Begrüßung des Bundespräsidenten Johannes Rau durch den Ministerpräsidenten und den Vorsitzenden der Cusanus-Gesellschaft und des Kulturfördervereins Bernkastel-Kues, Dr. Helmut Gestrich. Der Bundespräsident hörte sich gerne das Ständchen der Kinder der Grundschule Kues an, bevor er mit dem Wagen in Richtung St. Nikolaus-Hospital abfuhr.

In den Vorbereitungsgesprächen mit dem Bundespräsidialamt war der Wunsch des Bundespräsidenten zur Sprache gekommen, das St. Nikolaus-Hospital durch einen Besuch persönlich kennenzulernen, bevor er darüber sprechen wollte. Diesem Wunsch kamen die Organisatoren gerne nach, und so bewegte sich die Wagenkolonne vom Hubschrauber-Landeplatz über das Nikolausufer und die Saarallee zum Hospital. Auf das Cusanus-Geburtshaus konnte der Bundespräsident einen Blick im langsamen Vorüberfahren richten.

Im St. Nikolaus-Hospital warteten die Vertreter von Stadt- und Verbandsgemeinde, Stadtbürgermeister Wolfgang Port und Bürgermeister Ulf Hangert, auf den hohen Gast. Nach dem Willkommensgruß trug sich Bundespräsident Johannes Rau in das Goldene Buch der Stadt Bernkastel-Kues ein.

Am Rande dieser Zeremonie bot sich die Gelegenheit, dem Bundespräsidenten die Vertreter der Partnerstadt Karlovy-Vary (Karlsbad), Bezirkspräsident Dr. Josef Pavel und Oberbürgermeister Roubinek, vorzustellen. Selbstverständlich wurde der hohe Gast auch vom Verwaltungsrat des St. Nikolaus-Hospitals begrüßt.

Danach führten die Vertreter des St. Nikolaus-Hospitals und die Mitarbeiter der Ausstellung »Horizonte«, Dr. Marc-Aeilko Aris und Frau Gabriele Neusius, den Gast durch die Kapelle und die Bibliothek des Hospitals. In der Kapelle ließ sich Johannes Rau erklären, daß unter der Messingplatte das Herz des Cusanus seine letzte Ruhestätte gefunden hat.

Sehr beeindruckt zeigte sich der Bundespräsident von den wertvollen Handschriften der Bibliothek des Kardinals und von der Ausstellung »Horizonte«.

Vom Hospital ging es dann wieder in das alte Kues, nach St. Briktius, der Taufkirche des Cusanus, wo ein ökumenischer Gottesdienst stattfand. Am Eingang zur Kirche begrüßten Pastor Georg Moritz und die Repräsentanten der am Gottesdienst beteiligten christlichen Kirchen die Gäste. Den ökumenischen Gottesdienst gestalteten: Bischof Dr. Hermann Josef Spital von der Katholischen Kirche, Oberkirchenrat Wilfried Neusel in Vertretung des Präses der Rheinischen Kirche und des Ratsvorsitzenden der Evangelischen Kirche Deutschlands, Metropolit Augoustinos von Deutschland (Griechisch-Orthodoxe Kirche), Bischof Joachim Vobbe (Alt-Katholisches Bistum in Deutschland) und Superintendentin Rosemarie Wenner in Vertretung für den Vorsitzenden der Evangelischen Freikirchen.

Im Gottesdienst, der musikalisch von der Camerata Cusana unter Leitung von Wolfgang Lichter und an der Orgel von Kantor Michael Mayer gestaltet wurde, begrüßte Altbischof Hermann Josef Spital zunächst die Gäste.

Dr. Spital gab eine Einführung zu dem Thema »Dem Frieden dienen«.

Am Vorabend des Hochfestes Christi Himmelfahrt sind wir hier im Gedenken an den 600. Geburtstag des großen Theologen Kardinal Nikolaus von Kues in dessen Heimatstadt in ökumenischer Gebetsgemeinschaft versammelt. Ich freue mich daher besonders, in unserer Mitte begrüßen zu können: Herrn Metropolit Augoustinos von der griechisch-orthodoxen Kirche, Herrn Bischof Joachim Vobbe vom Alt-Katholischen Bistum in Deutschland, Frau Superintendentin Rosemarie Wenner von der Vereinigung Evangelischer Freikirchen und Herrn Oberkirchenrat Wilfried Neusel von der Evangelischen Kirche im Rheinland. In dieser Feier in ökumenischer Gemeinschaft erfüllen wir im Grunde genommen ein Herzensanliegen des herausragenden christlichen Denkers Nikolaus von Kues. Denn sein theologisches Wirken war z. B. stark geprägt von der Frage: Wie können wir die Gegensätze versöhnen, wie Einheit in der Vielfalt, wie Vielfalt aus der Einheit gestalten, also eine wirkliche Pluralität leben, ohne die Suche nach der Einheit im Glauben aufzugeben. Dahinter stehen auch die Fragen: Wie gelingt menschliches Leben? Wie ist die verwirrende Vielfalt in jene ersehnte Einheit zu sammeln, die wir Frieden nennen und Versöhnung?

Im Tagesgebet der katholischen Liturgie des morgigen Festtages bekennt der Beter: In der Himmelfahrt deines Sohnes hast du den Menschen erhöht. Damit legt der Beter Zeugnis dafür ab, dass Gott ihm zutraut, an dem großen Werk der Versöhnung der Menschen mitarbeiten zu können und zu sollen. Im festen Vertrauen, dem Frieden zu dienen, lade ich Sie nun alle ein, miteinander in diesem Gottesdienst Gott zu loben und zu preisen.

Es folgte eine Lesung aus dem Epheser-Brief 3,14–21, vorgetragen von Frau Superintendentin Rosemarie Wenner.

Lesung aus dem Neuen Testament: Eph 3,14–21

»Deshalb beuge ich meine Knie vor dem Vater, der der rechte Vater ist über alles, was da Kinder heißt im Himmel und auf Erden, daß er euch Kraft gebe nach dem Reichtum seiner Herrlichkeit, stark zu werden durch seinen Geist an dem inwendigen Menschen, daß Christus durch den Glauben in euren Herzen wohne und ihr in der Liebe eingewurzelt und gegründet seid.

So könnt ihr mit allen Heiligen begreifen, welches die Breite und die Länge und die Höhe und die Tiefe ist, auch die Liebe Christi erkennen, die alle Erkenntnis übertrifft, damit ihr erfüllt werdet mit der ganzen Gottesfülle.

Dem aber, der überschwenglich tun kann über alles hinaus, was wir bitten oder verstehen, nach der Kraft, die in uns wirkt, dem sei Ehre in der Gemeinde und in Christus Jesus zu aller Zeit, von Ewigkeit zu Ewigkeit! Amen.«

Die Predigt hielt Oberkirchenrat Wilfried Neusel mit dem Thema

»Beten um die Einheit im Glauben unter Zugrundelegung von Hebräer 1,1–4«

Unlängst fand ich in meinem Schreibtisch ein Zitat von Karl Lehmann: »Ökumene kann auch depressiv machen.« Wir können davon ausgehen, daß er weiß, wovon er redet, liebe Geschwister. Die Gründe sind vielfältig und beeinträchtigen, um mit Nikolaus von Kues zu denken, die freie Zirkulation des intellektuellen, rationalen und sinnlichen Vermögens, das sich als Teilhabe an göttlicher Einsicht versteht, verdunkeln und schwächen die in Christus gegründete Einheit im Glauben.

Verfolgung und äußere Bedrängnis, wie die im Hebräerbrief angesprochenen Christinnen und Christen sie erfahren, zeitigen Müdigkeit der Hände und wankende Knie, so dass einige sogar den Versammlungen fern bleiben. Die kreatürliche Angst beeinträchtigt die Ökumene sichtbar, aber auch geistlich und geistig, weil Kraft und Wahrheit der Glaubensbotschaft in Frage gestellt werden.

Im Bereich der Ratio erleben wir das deprimierende Paradox, daß steigende »Ansprüche an Konsistenzkontrolle zur Bewahrung der Einheit der Selbstbeschreibung des jeweiligen Religionssystems«, so Niklas Luhmann, den Keim der Spaltung in sich bergen. »... alles, was streng gefaßt wird, produziert eine andere Seite, die sich dem nicht fügt. Das folgenreichste Beispiel findet man in der katholischen Theologie des Mittelalters und den Versuchen ihrer kirchenpolitischen Kontrolle mit organisatorischen und rechtlichen Mitteln. Gerade der Versuch, Theologie konsistent zu systematisieren, ... arbeitete die Bruchstellen aus, die schließlich zur Kirchenspaltung führten.« (Die Religion der Gesellschaft, 352)

Und in erstaunlich intimer Auseinandersetzung mit Nikolaus von Kues stellt er die Hoffnung auf ein interreligiös gemeinsames Gottesverständnis in Frage: »Offensichtlich kommt es ... nicht, und nicht einmal unter dem blassen Vorzeichen von ›Theismus‹, zu einer einheitlichen Weltreligion. Das Parsonssche Gesetz, wonach die Kultur auf stärkere strukturelle Differenzierung mit einer stärkeren Generalisierung ihrer Einheitssymbolik reagiert, findet hier offenbar Grenzen. Eine die erforderliche Generalisierung leistende Semantik würde alle Bindungen an religiöse Traditionen, Mythen, Texte aufgeben müssen und wäre vermutlich nicht mehr als Religion erkennbar... Der Grund für diese Generalisierungsschranke muss in der Religion selbst liegen.« Externe Maßstäbe der Widerlegung läßt Religion nicht zu. (dto. 343)

Auf der geistlich-theologischen Ebene, wenn ich das so sagen darf, setzt die ökumenische Depression mit der Hypostasierung der Einheit ein, die Seinsmächtigkeit und ethisches Niveau in totalitärer Weise auf die Ablösung von allem Mannigfaltigen, Konkreten gründet. Das Eine wird in unendlicher Abgrenzung vom Vielen als das Gute und Wahre geglaubt, mit dem lebendigen Gott identifiziert und streng hierarchisch in Kirche und Politik manifestiert. »Lieber den Turban des Sultans als die Tiara des Papstes« war darauf trotz der Unionsbemühungen des Moselaners 1453 die orthodoxe Antwort, als die Türken vor Konstantinopel standen.

Wenn das Selbstverständliche sich nicht mehr von selbst versteht, wenn Ökumene scheinbar nur noch in der pseudoreligiösen Form weltweiter Zirkulation des Kapitals funktioniert, nützt fundamentalistisches Repetieren von Überzeugungen ebenso wenig wie relativistischer Zynismus.

Der Verfasser des Hebräerbriefs, wie Nikolaus von Kues eher am Rande christlicher Wirkungsgeschichte, bedient sich aller rhetorischen Möglichkeiten, die zentrifugalen Kräfte des Zweifels und der Hoffnungslosigkeit zu überwinden, in der Gewißheit, daß Gott selbst gesprochen hat. Apokalyptisches und hellenistisch-alexandrinisches Denken werden ineinander verschränkt, um Resonanz der Glaubensgewissheit zu wecken. Schriftbeweis und Zeugnis der Märtyrerinnen und Märtyrer, Hymnus und Mahnung, alles, was zu Gebote steht, ja auch die Schönheit der Sprache wird aufgeboten, um die Sprachlosigkeit zu überwinden und Einheit im Glauben zu stärken.

In den ersten Versen des Briefs, die wir soeben gehört haben, werden wir in eine dramatische Fokussierung hineingezogen, gleichsam in der Weise einer Zoom-Bildführung. »Vorzeiten« – »in diesen letzten Tagen«, »zu den Vätern« – »zu uns«, »vielfach und auf vielerlei Weise durch die Propheten«, »durch den Sohn«, das sind keine Entgegensetzungen, keine Relativierungen des Alten und Vielfältigen, sondern seelsorglich gemeinte Relationen, die die Intensität der Kommunikation Gottes »in diesen letzten Tagen« andeuten, und ihre Gültigkeit. Der Sohn wird im Angesicht der politischen, gesellschaftlichen und religiösen Gegenmächte ausdrücklich als der Verfügungsberechtigte über das Schicksal der Welt proklamiert, durch den Gott auch die Welt gemacht hat. Aber nun nicht als archimedischer Punkt philosophischer Spekulation, sondern als der, der außerhalb des Lagers die Schmach des Verbrechertodes getragen und auf dem Weg dorthin »Bitten und Flehen mit lautem Schreien und mit Tränen dem dargebracht« hat, »der ihn vom Tod erretten konnte«.

Die Zäsur der Analogie von Gott und Mensch ist anders als bei Nikolaus von Kues keine erkenntnistheoretische, sondern eine praktische: Ob ich im Leben und im Sterben den Willen Gottes tue und geschehen lasse, ob ich höre und antworte, ja im Extremfall auch, ob ich mich dem Schweigen Gottes öffne. Als der Gekreuzigte ist der Sohn Gottes Abglanz und »Selbstportrait«, und als solcher hat er die alle Entfremdung überwindende Reinigung der Atmosphäre in der Macht der Liebe vollbracht. Der laute Schrei Jesu zu Gott am Kreuz ist Zeichen und Siegel dafür, daß er »alle Dinge mit seinem kräftigen Wort trägt«, selbst angesichts des Todes. »Jesus Christus, wie er uns in der Heiligen Schrift bezeugt wird, ist (so) das eine Wort Gottes, das wir hören, dem wir im Leben und im Sterben zu vertrauen und zu gehorchen haben.« (Barmer Theologische Erklärung 1, 1934)

Die Kontingenz der Einfaltung alles Geschaffenen in seiner Erhöhung, die Befreiung der Menschheit von Fremdbestimmung, kann nicht philosophisch aus der Lehre von den zwei Naturen abgeleitet, sondern nur dankbar als Geschenk auf dem Hintergrund eines ontologisch nicht kalkulierbaren Risikos göttlichen Scheiterns gepriesen werden. Die alles überragende Autorität des Sohnes »zur Rechten der Majestät in der Höhe« kommt, im Gegensatz zur These des Nikolaus von Kues, im Namen zum Ausdruck, den er ererbt hat. Ganz in jüdischer Tradition wird Jesus von Nazareth in den Namen Gottes eingesetzt, in dem er sich als der offenbart, der für uns da sein wird, während Nikolaus von Kues überzeugt ist, daß einem Menschen die Nennung des Namens Gottes nicht möglich sei, weil »das Unendliche nur einen ihm gleichen, unendlichen Namen haben kann«. (Neujahrspredigt 1441)

Im gemeinsamen Anrufen des Namens des Sohnes wird die konflikträchtige Nachfolge Christi ökumenisch möglich, welche durch die gedanklich nicht einholbare Komplexität dieser Welt und unserer Kirchen hindurch zur Wahrheit und zum ewigen Leben führt. Nicht durch belehrtes Nichtwissen auf dem Wege intellektueller Spekulation, sondern im Hören auf sein kräftiges Wort, mit dem er alle Dinge trägt, wird Gottes Gegenwart erfahren und führt zur gemeinsamen Antwort des Glaubens im Gebet.

Ungeachtet der Anfragen an die spekulativen Elemente des Denkens von Nikolaus von Kues sehe ich eine erstaunliche Nähe des Kardinals zum Verfasser des Hebräerbriefes in der ganz und gar nicht depressiven Sehnsucht, die Einheit im Glauben dialogisch, und das heißt zuallererst im Dialog mit Gott zu fördern. In der Rhetorik des Cusanus findet sich kein Zwang, keine esoterische Introvertiertheit, keine geheimbündlerische Attitüde. Das Bestechende seiner Theologie liegt in der Gewißheit, daß die Vielfalt der Wege Gottes zu uns, daß die Vielfalt des Lebens, die relative Unendlichkeit der geschöpflichen Welt mit all ihren Widersprüchen der Einheit des dreieinigen Gottes entspricht und nicht im Wege steht, auch in der Kirche nicht.

Nichts und niemand ist verloren, auch das Chaos ist nicht wirklich, die unterschiedlichen Denksysteme und Ordnungsprinzipien, wie z. B. Kurialismus und Konziliarismus, sind in der alle Gegensätze unendlich übergreifenden Einheit Gottes aufgehoben. Und diese Einheit wird nicht unitaristisch-totalitär, sondern als versöhnte Verschiedenheit angebetet. Das Verständnis des Menschen, die Lehre von der Schöpfung und von der Kirche, alles ist ganz und gar fokussiert in der Entfaltung der Bedeutung Christi für unser Leben. In ihm, dem vollkommenen Menschen, hat jeder Mensch Bestand, ist wichtig, auch in seinen kreatürlichen und schuldhaften Begrenzungen. In ihm, dem Anfänger und Vollender des Glaubens, sind alle kirchlichen Entfaltungen seines Geheimnisses von Bedeutung. Ja nur durch die vielfältigen Perspektiven christlichen Glaubens wird der Reichtum des Geheimnisses des einen Vaters angemessen zum Ausdruck gebracht. Die Fülle der Einheit des dreieinigen Gottes kann gar nicht durch eine einzige doktrinäre Lehr- und Lebensordnung dargestellt werden.

Die eine, heilige, apostolische und katholische Kirche ist lebendiger Leib Christi, wenn sie entkonfessionalisiert und in der lebendigen Kommunikation mit dem Sohn Gottes, also im Gebet und in der Nachfolge Christi, Avantgarde der Ökumene wird, d. h. Vorhut der noch unerlösten Schöpfung Gottes.

Die solchermaßen von Nikolaus von Kues bedachte Einheit in versöhnter Verschiedenheit ist von ihm immer coram deo, also im Gebet durchbuchstabiert worden, im Hymnus, zuvörderst im Vater-Unser-Gebet. Vergebung der Schuld, Versöhnung waren für den Verfasser des Hebräerbriefes wie für ihn die Voraussetzung des Friedens, der den Strom der göttlichen Kräfte gegen den Tod ungehindert fließen lässt.

Nikolaus von Kues hat uns in biblischer Tradition den Weg gewiesen, trotz der Abgründe der Geschichte die Freude an der Ökumene und die Kraft der versöhnten Verschiedenheit zu ersehen, Traditionen und divergierende Interessen miteinander ins Gespräch zu bringen und so den Einen zu preisen, von dem und zu dem alle Dinge sind im Himmel und auf Erden. Amen

Bischof Vobbe trug den folgenden Text aus der cusanischen Schrift »Vom Frieden im Glauben« vor.

»Herr, König des Universums, was hat ein jedes Geschöpf, wenn Du es ihm nicht gegeben hast? Dir gefiel es, den Leib des Menschen aus dem Lehm der Erde zu bilden und ihm eine vernunftbegabte Geistseele einzuhauchen, damit in ihm das Bild Deiner unaussprechlichen Kraft aufleuchte. Aus dem einen Stammvater ist durch Vermehrung das viele Volk entstanden, das die Oberfläche des festen Landes besiedelt.

Und obwohl dieser geistige Hauch (spiritus intellectualis), in Erde gesät und von Schatten umfangen, das Licht und den Anfang seiner Herkunft nicht sieht, hast Du ihm doch all das anerschaffen (concreasti), durch das er, zum Staunen erweckt über das, was er sinnlich

wahrnimmt, irgendwann seine Geistesaugen zu Dir als dem Schöpfer aller Dinge erheben, mit Dir in höchster Liebe vereint werden und so endlich zu seinem Ursprung mit Frucht zurückkehren kann.

Du weißt jedoch, o Herr, daß eine große Menge nicht ohne viel Verschiedenheit sein kann und daß fast alle ein mühsames und mit Sorgen und Nöten volles Leben führen und in knechtlicher Unterwerfung den Königen, die herrschen, untertan sein müssen. Daher kam es, daß nur wenige von allen so viel Zeit und Muße haben, daß sie im Gebrauch ihrer Willensfreiheit zur Selbst-Kenntnis gelangen können. Durch viele körperliche Sorgen und Dienste werden sie davon abgelenkt. Dich, den verborgenen Gott, können sie daher nicht suchen.

Deshalb hast Du deinem Volk verschiedene Könige vorgesetzt und ihm Seher (videntes), die man Propheten nennt, gegeben. Von diesen haben viele (plerique) der Sendung durch Dich entsprechend in Deinem Namen Kulte und Gesetze eingerichtet und so das ungebildete Volk unterwiesen. Diese Gesetze akzeptieren sie demgemäß so, als hättest Du, der König der Könige, von Angesicht zu Angesicht mit ihnen gesprochen; denn sie glaubten, nicht jene Männer, sondern Dich in ihnen zu hören. Den verschiedenen Nationen hast Du aber verschiedene Propheten und Lehrer gesandt, die einen zu dieser, andere zu anderer Zeit.

Doch es gehört mit zum irdischen Menschen, daß lange Gewohnheit, die wie etwas in die Natur Übergegangenes gilt, als Wahrheit verteidigt wird. Daraus entstehen nicht geringe Meinungsverschiedenheiten (dissensiones), wenn eine jede Gemeinschaft ihren Glauben der anderen vorzieht.

Komm darum zu Hilfe! Du allein kannst es. Denn wegen Dir, den allein sie in all dem, was alle anzubeten scheinen, verehren, herrscht diese Eifersucht. Niemand nämlich erstrebt in all dem, das er augenscheinlich erstrebt, etwas anderes als das Gute; und das bist Du! Auch bei aller geistigen Überlegung sucht niemand etwas anderes als das Wahre; und das bist Du! Was sucht der Lebende anderes als das Leben? Was der Existierende anderes als Sein? Du also, der Du das Leben und das Sein gibst, bist der, der offenbar in den verschiedenen Riten auf je verschiedene Weise gesucht und mit verschiedenen Namen genannt wird. Denn so wie Du bist, bleibst Du allen unerkannt und unaussprechlich. Du, der Du die unendliche Kraft bist, bist ja nichts von dem, was Du geschaffen hast; und kein Geschöpf kann den Gedanken Deiner Unendlichkeit begreifen, da es vom Endlichen zum Unendlichen kein Größenverhältnis (nulla proportio) gibt.

Doch Du, der allmächtige und für jeden Geist unsichtbare Gott, kannst Dich so, wie Du erfaßt werden möchtest, sichtbar dem zeigen, dem Du dich zeigen willst. Verbirg Dich darum nicht länger, o Herr! Sei gnädig und zeige dein Antlitz, und alle Völker werden heil sein und die Ader des Lebens und seine Wonne, auch wenn sie diese noch wenig vorverkosten, nicht weiter verlassen können. Niemand weicht nämlich von Dir ab, es sei denn, er kennt Dich nicht.

Wenn es Dir so zu handeln gefällt, werden das Schwert und der blasse Neid und jegliches Unheil aufhören, und alle werden erkennen, wie es nur eine einzige Religion in der Riten-Mannigfaltigkeit (una religio in rituum varietate) gibt. Wenn aber diese Riten-Verschiedenheit vielleicht nicht abzuschaffen oder (deren Beseitigung) nicht sinnvoll ist (non expedit) – die Verschiedenheit trägt ja zur Frömmigkeit (devotio) bei, wenn ein jedes Land mit je seinen religiösen Ausdrucksformen (cerimoniis) um so eifriger darum bemüht ist, daß diese Dir als dem König gefallen –, dann soll wenigstens, wie Du einer bist, (auch) die Religion eine und die anbetende Verehrung eine sein.

Sei also versöhnlich, o Herr, da Dein Zorn Güte (pietas) und Deine Gerechtigkeit Barmherzigkeit ist. Schone Dein schwaches Geschöpf! So flehen wir, Deine Beauftragten, die Du Deinem Volk als Wächter gegeben hast und hier vor Dir siehst, Deine Majestät auf jede mögliche Weise des Bittens demütig an.«

Die Fürbitten wurden von allen Teilnehmern gesprochen, wobei Metropolit Augoustinos das folgende Einleitungsgebet vortrug:

»Im Frieden lasset uns zum Herrn beten! Frieden hinterlasse ich euch; meinen Frieden gebe ich euch. So bitten wir um den Frieden für die ganze Welt und bei allen Völkern, um die Freiheit und das Wohl der heiligen Kirchen Gottes und um die Einheit aller, die auf Christi Namen getauft sind.«

Alle: »Wir bitten dich, erhöre uns«.

Bischof Vobbe: »Die Botschaft Jesu ist uns in Menschenworten überliefert. Ohne die Hilfe des Hl. Geistes können wir sie nicht verstehen. Komm, Hl. Geist, laß uns die Wahrheit erkennen.«

Alle: »Wir bitten dich, erhöre uns.«

Superintendentin Wenner: »Immer wieder werden Menschen Opfer falscher Lehren, die vorgeben, die Welt zu erklären und dem Leben einen Sinn zu geben. Komm, Hl. Geist, laß uns die Wahrheit erkennen.«

Alle: »Wir bitten dich, erhöre uns.«

Oberkirchenrat Neusel: »Väterlicher und mütterlicher Gott! Wir danken Dir für Deine große Fürsorge für alle, die Du zu Deiner ewigen Herrlichkeit berufen hast. Wir danken für Deine Geistesgegenwart, die schon unsere Mütter und Väter im Glauben beflügelte. Wir treten vor Dir ein für alle, die Dich vergessen und die kirchliche Gemeinschaft verlassen haben, und bitten Dich um Phantasie und Geduld bei unseren Bemühungen, sie auf Deine befreiende Liebe und auf Deine heilsame Wegweisung aufmerksam zu machen.«

Alle: »Wir bitten dich, erhöre uns.«

Bischof Spital: »Du, Herr, willst alle Menschen, die Christi Namen tragen, durch die eine Taufe vereinigen, gib, daß die Glaubenden ein Herz und eine Seele sind.«

Alle: »Wir bitten dich, erhöre uns.«

Zum Abschluß *Metropolit Augoustinos*: »Ewiger Gott, König des Alls, Schöpfer der Menschen und Vater deiner Gläubigen. Du bist unergründlich und unsere Gedanken erfassen dich nicht. Du wohnst in unzugänglichem Licht und doch vergißt du den Menschen nicht, den du nach deinem Bild geschaffen hast. Auch wenn wir verkehrte Wege gehen, bleibt dein Erbarmen über uns.

So sehr hast du die Welt geliebt, daß du deinen eingeborenen Sohn als Retter gesandt hast. In ihm hast du den Menschen dein gütiges Antlitz zugewandt und allen Völkern dein Heil bereitet. Im Glauben haben wir dich erkannt und du hast uns durch die Taufe dem Leib deines Sohnes eingefügt. Deine Vorsehung hat uns dazu erwählt, mit dir und untereinander in Liebe verbunden zu bleiben und so zu dir, unserem Ursprung, zurückzukehren, in dem all unser Suchen und Sehnen nach dem Guten, dem Wahren und dem Leben in Fülle zur Ruhe kommt und Erfüllung findet.

Gütiger Gott, wir bekennen, daß wir das Band der Liebe und des Friedens nicht bewahrt haben und getrennte Wege gegangen sind. Unsere Uneinigkeit macht es vielen Menschen schwer, dem Evangelium der Liebe und des Friedens zu glauben. Noch immer gibt es Mißtrauen und Vorurteile in deiner Christenheit. Wir sind geneigt, unsere eigenen Traditionen, langes Herkommen und Gewohnheiten gegeneinander zu stellen, und es fällt uns schwer, neidlos und dankbar anzuerkennen, daß auch in den anderen Kirchen dein Name angebetet und dein Wort befolgt wird. Dein Heiliger Geist wirkt Gutes in allen, die dich ihren Vater nennen. Und in vielen Sprachen und mit mannigfaltigen Gebärden wirst Du von deinen Gläubigen gelobt. Du siehst auf unseren guten Willen und erkennst in der Vielfalt der Formen das gleiche Verlangen, Dir aufrichtig zu dienen.

So bitten wir Dich denn, allmächtiger Herr. Komm uns zu Hilfe! Laß dein Angesicht über uns leuchten und zeige uns den Weg, den wir gehen sollen. Erbarme dich deiner Christenheit, gieße aus deinen Geist und führe zusammen, was getrennt ist. So werden wir einmütig bezeugen, daß du die Hoffnung der Welt und der Retter aller Menschen bist. Wehre allem Haß und jeder Gewalt und breite aus den Geist der Eintracht und Versöhnung. Steh uns bei, wenn wir uns bemühen, eine Welt zu bauen, in der die Völker unterschiedlicher Religionen und Kulturen in Frieden zusammenleben.

Denn Du bist ein gütiger und menschenfreundlicher Gott. Dich preisen wir in Gemeinschaft mit allen Christen: Vater, Sohn und Heiliger Geist, jetzt und immer und in alle Ewigkeit, Amen.

Laßt uns gemeinsam beten, wie unser Herr uns zu beten gelehrt hat!«

Alle: »Vater unser . . . Denn dein ist das Reich und die Kraft und die Herrlichkeit in Ewigkeit. Amen.

Reichen wir einander die Hand und geben wir uns ein Zeichen des Friedens und der Versöhnung.«

Dann reichten sich alle die Hand zum Zeichen des Friedens und es folgte der aaronitische Segensspruch der Mitwirkenden.

»Der Herr segne euch und behüte euch; der Herr lasse sein Angesicht über euch leuchten und sei euch gnädig; Er wende euch sein Antlitz zu und schenke euch seinen Frieden. Amen.«

Nach dem eindrucksvollen Gottesdienst, an dem etwa 500 Personen teilgenommen haben, fuhr der Bundespräsident zurück zum St. Nikolaus-Hospital; er stieg in Höhe des alten Bahnhofs aus und ging zu Fuß zum Festakt mit Bürgerempfang.

Der Innenhof des St. Nikolaus-Hospitals hatte sich mit fröhlich gestimmten Menschen gefüllt; die Weinköniginnen aus der Verbandsgemeinde Bernkastel-Kues schenkten Wein aus, die Bürgerwehr spielte und das Wetter spielte mit. Der Bundespräsident mit Begleitung nahm auf der Bühne vor dem Eingang zum Hospital Platz.

Der Festakt begann mit der Begrüßungsansprache des Ministerpräsidenten Kurt Beck.

Verehrter Herr Bundespräsident, verehrte Damen und Herren Kolleginnen und Kollegen aus dem Europäischen Parlament, dem Deutschen Bundestag und dem Rheinland-Pfälzischen Landtag, verehrte Herren Bürgermeister von Verbandsgemeinde und Stadt, verehrter Herr Dr. Gestrich, meine sehr verehrten Damen und Herren!

Es ist mir eine große Freude, ich darf sicher formulieren: es ist uns eine große Freude, Sie, verehrter Herr Bundespräsident, hier in Bernkastel-Kues willkommen heißen zu dürfen, es ist schön, daß Sie bei uns sind, es ist schön, daß Sie zu uns sprechen.

Meine sehr geehrten Damen und Herren, heute ist nicht irgend ein Tag im Mai, es ist der 23. Mai, also der Verfassungstag der Bundesrepublik Deutschland, und es ist der Tag, an dem vor exakt zwei Jahren und wenigen Stunden, Herr Bundespräsident, Sie zum Bundespräsidenten gewählt worden sind. Umso mehr sind wir stolz darauf, daß Sie diesen Verfassungstag heute in unserer Mitte begehen, und daß Sie aus Anlaß des Gedenkens an das Geburtsjahr des Nikolaus von Kues zu uns sprechen und uns diese Persönlichkeit näher bringen.

Es ist mir eine besondere Ehre, jetzt auch die Zelebranten des Gottesdienstes bei uns willkommen heißen zu dürfen, und ich freue mich sehr, daß Sie hier zu uns gekommen sind. Ich freue mich darüber, daß wir einen so eindrucksvollen Gottesdienst miteinander erleben durften, und dafür danke ich sehr herzlich Herrn Bischof Dr. Spital, Herrn Oberkirchenrat Neusel, Herrn Metropolit Augoustinos, Herrn Bischof Vobbe und Frau Superintendentin Wenner. Herzlichen Dank für diesen Gottesdienst! Und, Herr Oberkirchenrat, nachdem Sie auf Grund von Staus auf der Autobahn etwas später hierher gekommen sind, ist mir natürlich hier, eingerahmt von Weinbergen, Jesu Wort eingefallen, der uns allen tröstlich gesagt hat, daß auch derjenige, der zur dritten Stunde in den Weinberg des Herrn kommt, noch den gleichen Lohn erhält. Insoweit besonderen Dank, daß Sie sich dieser Mühe unterzogen haben.

Meine sehr geehrten Damen und Herren, wir sind zusammengekommen, um an eine Persönlichkeit in unserer Geschichte zu denken, die sicher zu den herausragenden gehört und gezählt werden darf.

Ich denke, Nikolaus von Kues, Hildegard von Bingen, das sind Persönlichkeiten, die hier in einem Zeitalter, in dem auch Johannes Gutenberg gelebt hat – seinen 600. Geburtstag haben wir vor einem Jahr gefeiert –, Zeichen gesetzt haben, die über die Jahrhunderte hinweg wirken.

Und auch wenn uns, den heute Lebenden, das Denken und Fühlen des Mittelalters nicht einfach zu vermitteln und nahe zu bringen ist, so gibt es doch Impulse, die wir aufnehmen können, die wir aufnehmen sollten, und ich will aus meiner Sicht, aus meiner ganz persönlichen Betrachtung zur Person Nikolaus von Kues, zwei Impulse ansprechen.

Der eine: Ich glaube, daß es ein intensives Wollen und ein intensives Fühlen der Christen gibt, miteinander über Konfessionsgrenzen hinweg ihren Glauben zu leben und zu praktizieren. Und daß Nikolaus von Kues damals bezogen auf das Zusammenwirken mit der Orthodoxen Kirche entsprechende Zeichen gesetzt hat, das sollten wir auch heute verstehen und in unser Denken, Fühlen und Arbeiten in realistischer, aber auch in nachdrücklicher Weise einbeziehen.

Und mir selber als Politiker möchte ich ein zweites an Aufmerksamkeit anempfehlen und in Erinnerung rufen: nämlich, daß es notwendig ist, aus eingefahrenen Gleisen des Denkens und Arbeitens immer wieder herauszusuchen, um auf eine solche Art und Weise sich neue Felder, sich neue Erkenntnisse zu erschließen. Und das, was im Mittelalter sicher noch sehr, sehr viel schwieriger gewesen ist als in unserer Zeit, müßte uns durchaus möglich sein.

In diesem Sinne also – Brücken schlagen aus dem Nachdenken über das Leben und Wirken einer solchen Persönlichkeit in unsre Zeit – sind wir sicher zusammen gekommen. Aber wir sind auch zusammen gekommen, um miteinander eine solche Gelegenheit zu nutzen, zu feiern und uns bewußt zu sein, in welch freundlicher, offener, toleranter Atmosphäre wir die Chance heute haben zu leben, und daß wir unseren Beitrag leisten müssen, um das nicht zu verspielen und zu vergeben, was andere vor uns mühsam erarbeitet, erwirkt und erstritten haben, darum eben immer wieder zu ringen und sich dessen bewußt zu sein, ich glaube, das gehört auch zu einer solchen Geburtstagsfeier.

Hochverehrter Herr Bundespräsident, es ist uns eine Ehre, daß Sie bei uns sind, es ist uns eine Ehre, daß Sie zu uns sprechen.

Danach sprach der Bundespräsident

I.

Ich bin heute zu Ihnen an die Mosel gekommen, um mit Ihnen zu feiern. Zum Feiern haben Sie hier ja die allerbesten Voraussetzungen. Sie haben berühmten Wein, eine schöne traditionsreiche Stadt und Sie haben einen guten Grund.

Sie widmen dem großen Nikolaus von Kues eine ganze Festwoche. Daran nehme ich gerne teil und Anteil. Heute ist ja auch in anderer Hinsicht ein besonderer Tag: Wir erinnern uns in ganz Deutschland dankbar daran, daß heute vor 52 Jahren das Grundgesetz verkündet worden ist. Ich freue mich ganz besonders darüber, gerade an diesem Tag über Cusanus zu sprechen und über das, was er uns heute noch zu sagen hat. Nun verhält es sich mit dem weltberühmten Sohn Ihrer Stadt ja merkwürdig. Er gilt als einer der größten deutschen Philosophen und Kirchenpolitiker. Aber nur wenige könnten in knappen Worten nachzeichnen, warum gerade dieser Mann zu den ganz Berühmten der Welt zählt.

Jeder kann selber die Probe aufs Exempel machen. Fragen Sie einmal jemanden, irgendwo oder hier an der Mosel: »Warum ist Nikolaus von Kues so berühmt?« Sie werden sehen: Selbst bei Gebildeten, oder – was ja in diesem Falle das Gleiche ist! – bei Kuesern: Sie werden nur selten eine Antwort ohne Zögern und ohne Stocken bekommen. Ich bin fast sicher, daß die Kinder und Jugendlichen, die aus den unterschiedlichen Cusanus-Projektwochen kommen, noch am besten Bescheid wissen. Euch, liebe Schülerinnen und Schüler, grüße ich heute ganz besonders.

II.

Berühmt und wichtig – das fällt ja nicht immer zusammen. Ich möchte Ihnen zwei

Gründe nennen, warum mir das, was Nikolaus von Kues gedacht, gesagt und aufgeschrieben hat, bis heute so wichtig erscheint.

Zum einen: Nikolaus war ein Mann, der wie wenige andere ganz bewußt erlebt hat, daß er in eine Zeitenwende hinein geboren worden ist. Er hat gespürt, wie ganz Neues heraufzog, wie Bewährtes alt wurde und sogar zerbrach. Er mußte sich mit Herausforderungen auseinandersetzen, die bis dahin undenkbar schienen.

Für die Menschen, die damals lebten, war völlig offen, ob sie an den alten Gewissheiten festhalten oder ob sie sich neuen Antworten zuwenden sollten. Sie fragten sich, ob die Verantwortlichen in Staat und Kirche den Aufgaben der Zeit gewachsen waren. Verunsicherung machte sich breit.

Auch unsere Zeit erleben wir als eine Zeit epochaler Umbrüche, manche empfinden sie sogar als Zeitenwende: .
- Die jahrzehntelange Konfrontation zwischen Ost und West ist zu Ende gegangen. Das bleibt für mich ein Grund zu großer Freude und Dankbarkeit. Doch welche neue Ordnung sich herausbilden wird, das zeichnet sich auch mehr als zehn Jahre danach erst in Ansätzen ab.
- Werden nach dem Fall der einen Mauer neue Mauern errichtet werden, etwa zwischen Arm und Reich? Oder wird es, wie manche das an die Wand malen, zu einer Konfrontation der Kulturen, der Religionen kommen?
- Viele Menschen sind verunsichert durch die vielfältigen Formen des technischen Fortschritts. Sie fragen: Wohin werden die uns führen?
- Anderen macht die Globalisierung der Wirtschaft Sorge. Sie sehen ihre Arbeitsplätze bedroht, und sie zweifeln an der Fähigkeit und am Willen der Politik, Lebenschancen für alle zu sichern und für soziale Gerechtigkeit zu sorgen.
- Viele fragen: Werden wir die Umweltprobleme in den Griff bekommen? Werden die Meeresspiegel weltweit ansteigen, wird das Ozonloch wachsen?
- Wir alle müssen uns fragen: Wie steht es um die Werte, die nicht an der Börse gehandelt werden? Wie steht es um Ehe und Familie? Manche fragen: Können wir es verantworten, noch Kinder in diese Welt zu setzen? Oder: Können wir uns Kinder überhaupt leisten?

Wir dürfen aus Erfahrung darauf vertrauen, daß wir viele Probleme meistern können, weil wir immer wieder Lösungen finden, die wir uns heute noch nicht vorstellen können. Gerade deshalb müssen wir uns aber mit den Fragen beschäftigen, die so viele Menschen umtreiben. Und gerade da, wo es um neue Herausforderungen geht, wo wir alte Antworten prüfen müssen und nach neuen Antworten noch suchen, gerade da ist Nikolaus von Kues ein besonders interessanter Mann.

III.

Wenn man sich vor große Aufgaben gestellt sieht, dann kann es manchmal ganz hilfreich sein und den eigenen Horizont weiten, den Blick in die Geschichte zu richten. Nikolaus von Kues hatte mindestens so viel Grund wie wir heute, seine Zeit als eine Epoche weltbewegender Herausforderungen und Umbrüche zu sehen.

Auch wenn das den wenigsten von uns bewußt ist – wir stehen heute auf dem Boden von Antworten, die er in seiner Zeit gemeinsam mit anderen erahnt, ertastet und formuliert hat. Lassen Sie mich vier Beispiele nennen:
- Im 15. Jahrhundert war die Meinung noch nicht ganz ausgestorben, daß die Erde einer

Scheibe gleiche. Nikolaus hat hier mutige, bis dahin unerhörte Antworten gewagt: Wer mit dem Schiff immer gen Westen fährt, so sagte er voraus, der fällt nicht eines Tages von der Erdscheibe und verdirbt, sondern er erreicht Indien, denn die Welt ist rund. Wenig später wagte Kolumbus die Probe und er fiel, wie wir wissen, nicht von der Erdscheibe.

– Nikolaus von Kues hat sich mit seinem Denken noch weiter vorgewagt: Die Erde sei gar nicht der ruhende Mittelpunkt des Alls, so vermutete er. Das hat alle empört, die den Menschen gerne im Zentrum des Kosmos sehen wollten.

– Unerhört fanden seine Zeitgenossen auch eine andere Überlegung des Cusanus. Ist der Islam, so fragte er, tatsächlich als Feind des Christentums anzusehen? Gibt es nicht wichtige Gemeinsamkeiten zwischen den Religionen?

– Er hatte die Vision, daß die Weisen aller Religionen miteinander ins Gespräch kommen sollten. Das war in einer Zeit, als die Türken sich anschickten, Konstantinopel, das heutige Istanbul, zu erobern und nach Europa vorzudringen!

– Einen weiteren Grund zu tiefgreifender Verunsicherung bot schließlich der Zustand der Kirche. Hier waren nicht Einigkeit und Heiligkeit sichtbar. Tief zerstritten lag sie danieder. Päpste und Konzilien lähmten einander. Es gab Papst und Gegenpapst.

Vor diesem Hintergrund stritt Nikolaus für politische und kirchliche Reformen. Er entwickelte ganz eigenständige und neue Überlegungen zu der Aussage, daß Einheit und Vielfalt kein Widerspruch sein müssen, ja einander vielmehr ergänzen.

Viele seiner Gedanken sind auf bemerkenswerte Weise modern. So schrieb er: ». . . das Gesetz soll dem Gemeinwohl dienen, und das, was alle angeht, muß auch von allen gebilligt werden. . . . Eine die Öffentlichkeit verpflichtende Entscheidung kann nicht anders zustande kommen als durch das Einverständnis aller oder der Mehrheit der Betroffenen.«

IV.

Es ist eindrucksvoll, wie Nikolaus von Kues mit den Herausforderungen seiner Zeit umgegangen ist. Viele seiner Überlegungen wiesen weit in die Zukunft. Er hat ganz bedrängend und unmittelbar die vielfältige Not erlebt, mit Grenzen umzugehen: mit den Grenzen des Machbaren, mit den Grenzen des Erlaubten und mit den Grenzen des Wissens.

Jede und jeder von uns weiß, wie schwierig es ist, im Umgang mit Grenzen, die unserem Leben gezogen sind, das richtige Maß zu finden und auch entsprechend zu handeln. Wie schwierig es ist, Grenzen einzureißen, wo sie die lebendige Entfaltung hemmen, und Grenzen zu verschieben, wenn sich neue Perspektiven auftun.

Wir wissen aber auch, wie schwierig es ist, Grenzen zu akzeptieren, die gelten sollen, und Grenzen da aufzurichten, wo sie Schutz gewähren und Orientierung geben.

Nikolaus hat seinen Platz unter den Großen der Geistesgeschichte nicht zuletzt deshalb, weil er mit den Herausforderungen, die jede Grenze uns stellt, meisterhaft umgegangen ist. Grenzen einreißen oder verschieben, Grenzen akzeptieren oder aufrichten – mit Nikolaus von Kues können wir da Orientierung gewinnen, wo es um grundlegende Fragen menschlicher Existenz geht und wo unsere Weisheit im Umgang mit Grenzen gefragt ist.

Unsere Gesellschaft ist ja auf vielen Feldern im Umbruch. Auch wir müssen uns entscheiden, wo wir Grenzen überschreiten, wo wir Grenzen anerkennen und wo wir neue Grenzen ziehen wollen.

V.

Nikolaus von Kues hat in seinem Leben viele Grenzen überschritten, die seiner freien Entfaltung und seinem Wissen entgegenstanden. Das zeigt allein schon die für seine Zeit ganz ungewöhnlich große Zahl von Orten, an denen er gelebt und gewirkt hat: In Heidelberg hat er studiert – aber auch in Padua, und zwar hier das Kirchenrecht. In Rom hat er gearbeitet, aber auch in Basel, Brixen, Kues und in anderen Städten.

In Köln hat er Theologie studiert und Kirchenrecht gelehrt; er war darin bewandert wie kaum ein anderer. Und in Konstantinopel lernte er die so eindrucksvolle Liturgie der griechisch-orthodoxen Kirche kennen und schätzen.

Nikolaus hat Grenzen überschritten, die zu überschreiten in seiner Zeit gefährlich war. Dabei denke ich nicht so sehr an gefahrvolle Reisen über Alpenpässe. Ich denke vor allem an die Ideen, mit denen er sich auf teils völlig neues Gebiet vorwagte:

Nikolaus kannte natürlich die Bibel, er studierte aber auch – als einer der ersten in der christlichen Kirche überhaupt – den Koran auf der Suche nach Gemeinsamkeiten mit der Bibel. Das erschien vielen damals als eine gefährliche, ja ketzerische Grenzüberschreitung. Er beherrschte die scholastische Philosophie und die Werke der Kirchenväter – aber er wagte es auch, dies überlieferte Wissen zu konfrontieren mit den neuen mathematischen und naturwissenschaftlichen Erkenntnissen und mit seinen astronomischen Beobachtungen. Wo sollte das hinführen?, fragten da viele.

Diese Beispiele zeigen: Nikolaus von Kues hat sich auf vielen, ganz unterschiedlichen Gebieten dadurch hervorgetan, daß er dem Wissen, der Politik und der Kirche seiner Zeit neue Horizonte eröffnete. Er tat das nicht zufällig, sondern aus grundlegenden Einsichten heraus, die stets mit seinem Namen verbunden bleiben werden.

Seine erste Einsicht lautete: Verschiedenheiten, ja selbst Gegensätze können die Einheit nicht zerstören. Aus bestehenden Gegensätzen heraus, davon war er zutiefst überzeugt, können Menschen zu einer neuen, zu einer umfassenderen Einheit finden. Einheit wächst aus dem Konsens, der aus Konflikten geschaffen werden muss.

Daß Verschiedenheit und Einheit kein Widerspruch sind, das ist eine Überzeugung, die im ganz Kleinen und im ganz Großen gilt. Darauf kann man eine Familie ebenso bauen wie die Einigung Europas. Selbst die Verbindung zweier über Jahrhunderte eigenständiger und charaktervoller Städte an der Mosel kann darauf bauen. Nikolaus von Kues dachte die Einheit als versöhnte Verschiedenheit.

Für ihn war Einheit nicht ohne Vielfalt zu haben. Darum wollte er auch Vielfalt nicht als Bedrohung der Einheit verstanden wissen. Das ist heute ganz aktuell und auf vielen Feldern von ganz praktischer Bedeutung:

– In diesem Geist der Vielfalt gedeiht das föderale Miteinander in unserem Land – und auch das gelegentliche Gegeneinander ist hier gut aufgehoben.
– Auf diesem Boden soll ein einiges Europa wachsen, das seine Vielfalt nicht als Schwäche und das seine Unterschiede nicht als Hindernis versteht, sondern als Chance und Bereicherung.
– Im Geiste versöhnter Verschiedenheit kann der Dialog der Kulturen gedeihen und kann das Gespräch zwischen den Religionen Früchte tragen. Ich freue mich darüber, daß genau das auch hier im Geburtshaus des Nikolaus von Kues stattfindet.

Grenzen zu überschreiten, das heißt auf den anderen zugehen, sich öffnen, ein Stück gemeinsam gehen. Der ökumenische Gottesdienst, den wir gerade gefeiert haben, war ein gutes Beispiel dafür.

Eine zweite grundlegende Einsicht des Denkers aus Kues lautet: Wissen ist belehrte Unwissenheit, ein Satz, den viele Schüler sicher gerne vor allem auf ihre Lehrerinnen und Lehrer anwenden möchten.

Der Satz meint doch wohl: Wenn wir auf unsere Leistungen stolz sind, wenn wir Erfolg haben bei dem, was wir tun, wenn unsere naturwissenschaftliche Forschung bisher Ungeahntes erschließt, dann sollten wir nie vergessen: Unser Wissen kann nie vollkommen sein, auch dann nicht, wenn es uns immer neuen Zielen näher bringt.

Jedes Überschreiten von Grenzen stellt uns immer wieder vor neue: Vor Grenzen der Erkenntnis, vor Grenzen dessen, was wir Menschen können, vor Grenzen dessen, was wir verantworten können.

Von Nikolaus von Kues können wir lernen: Wir sollen uns nicht abfinden mit der Welt, wie sie ist. Wir sollen sie nach unseren Vorstellungen zu gestalten suchen. Wir sollten uns die Ziele mit Zuversicht und Mut immer wieder weiter stecken. Dabei sollten wir nie das Gespür verlieren für die Grenze zwischen Mut und Hochmut.

Es kommt nicht nur darauf an, immer mehr zu können und immer mehr zu wissen. Genauso kommt es darauf an, das Wissen um unsere Grenzen zu fördern. Wenn Nikolaus vom »gelehrten Unwissen« spricht, dann meint er genau das.

VI.

Nikolaus von Kues war ein Mann, der Türen geöffnet und ungewöhnlichen Weitblick besessen hat.
– Türen kann man öffnen und schließen;
– Türen trennen und Türen verbinden;
– Türen schaffen die Möglichkeit, sich zurückzuziehen und die Möglichkeit, mit anderen in Verbindung zu treten.

Im Kleinen wie im Großen gilt: Solange wir leben, werden wir mit Grenzen leben müssen und uns zugleich an ihnen stoßen.

Das gilt in unseren Familien: Wer Kinder erzieht, der steht immer wieder vor der Frage: Wo muß ich klare Grenzen ziehen? Wo hingegen wäre es an der Zeit, Grenzen aufzuheben? Und das gilt im Großen, wo unser technisches Wissen und Können ungeahnte Fortschritte macht. Hier müssen wir uns Rechenschaft geben: Welches Wissen wollen wir nutzen, welche Grenzen wollen wir überschreiten und an welche müssen wir uns halten?

Wie das Große mit dem Kleinen, wie der Mikro- mit dem Makrokosmos verbunden ist, nicht zuletzt das hat Nikolaus von Kues immer wieder fasziniert.

VII.

Wir neigen manchmal dazu, Freiheit und Grenzen als Widersprüche oder gar als Gegensätze zu sehen. Das ist falsch. Nur Tyrannen sind maßlos. Die Demokratie dagegen garantiert die Selbstentfaltung jedes Einzelnen im Rahmen bestimmter Grenzen. Wenn es in Artikel 1 unseres Grundgesetzes heißt, »Die Menschenwürde ist unantastbar«, dann ist das ein Auftrag, der Ziele setzt und Grenzen zieht. Nikolaus von Kues hatte ein ausgeprägtes Gefühl für die Würde des Menschen, für seine Möglichkeiten, aber auch für seine Schutzbedürftigkeit.

Sie haben hier als Zeugnis dafür ein wahres Juwel: das Nikolaus-Stift. Es beherbergt kostbare Weine, unermeßlich wertvolle Bücher und das Herz des Nikolaus. Und es ist, so habe ich mir sagen lassen, eines der ältesten Altenheime auf deutschem Boden. Damit ist hier über die Zeiten hinweg ein eindrückliches Zeichen gesetzt:

Menschen können ihre Arbeitskraft verlieren, sie können ihre Gesundheit verlieren oder die Möglichkeit, den eigenen Lebensunterhalt zu bestreiten. Aber eines verlieren sie nie: den Anspruch, als Menschen und nicht als Last behandelt zu werden. Das ist der Kern der Menschenwürde.

VIII.

Vor sechshundert Jahren ist in diesem schönen Ort an der Mosel ein Mann geboren worden, der uns auch heute etwas zu sagen hat:
– Ein Gelehrter, der uns zu bedenken gibt, daß wir beides immer neu lernen müssen: Grenzen zu überschreiten und Grenzen einzuhalten.
– Ein Visionär, der uns die Augen dafür öffnet, daß die ganz großen Probleme nicht losgelöst sind von unseren alltäglichen Herausforderungen in der Familie, in der Nachbarschaft, am Arbeitsplatz.
– Ein gläubiger Christ, der uns das Herz dafür wärmt, das Gespräch mit anderen Religionen und den Kontakt zu fremden Kulturen zu suchen – mit Freude, offen und respektvoll.
– Ein Sohn seiner Zeit, der den Streit nicht scheute, der den Erfolg kannte, aber auch Rückschläge und Gefühle der Resignation.
– Ein Weiser, der uns lehrt, denen zu mißtrauen, die behaupten, alle Probleme der Welt wären ganz leicht zu lösen, wenn man nur ihnen und ihren Patentrezepten folgte.

Wer sich mit Nikolaus von Kues beschäftigt, der spürt etwas von seiner Liebe zur Welt und zu den Menschen, der entdeckt ganz unterschiedliche Facetten – natürlich auch menschliche Schwächen. Er bleibt aber doch stets beeindruckt von seiner Zuversicht, von seinem Reform- und Gestaltungswillen und von einer immer wieder durchscheinenden Freude an gelebter Verschiedenheit.

Ich beneide Sie: Sie haben in den nächsten Tagen Gelegenheit, sich mit dem Leben und Wirken des Nikolaus von Kues auseinander zu setzen. Dazu kommen herausragende Forscher zu Ihnen. Nikolaus von Kues macht uns allen Hoffnung darauf, daß aus Gegensatz und Vielfalt im Dialog Versöhnung wachsen kann, und daß wir mit unseren kleinen menschlichen Schritten an etwas Großem teilhaben.

Der Vorsitzende der Cusanus-Gesellschaft und des Kulturfördervereins Bernkastel-Kues, Dr. Helmut Gestrich, richtete folgende Ansprache an den Bundespräsidenten und die versammelten Festteilnehmer.

Hochverehrter Herr Bundespräsident, verehrter Herr Ministerpräsident, verehrte Damen und Herren des Europäischen Parlamentes, des Bundestages und des Landtages von Rheinland-Pfalz, liebe Bürgerinnen und Bürger, sehr verehrte Vertreter der Kirchen und der Wissenschaft, meine Damen und Herren!

Wir kennen den genauen Geburtstag des Nikolaus von Kues nicht. Daß wir aber die Feier seines 600. Geburtstages heute am Verfassungstag, am 23. Mai, feiern, das ist kein Zu-

Ein guter Wein, das wissen Sie hier aus jahrhundertelanger Erfahrung genau, braucht seine Zeit, um zu reifen. Wir würden dem großen Sohn Ihrer Stadt nicht gerecht, wenn wir ihn nur als einen bedeutenden Menschen längst vergangener Zeiten würdigten. Wir sollten ihn nicht auf ein Podest verbannen. Ich bin davon überzeugt, daß Nikolaus von Kues zu den wenigen deutschen, ja europäischen Denkern gehört, die uns für heute und in Zukunft noch viel zu sagen haben.

fall, sondern von großer Bedeutung. Wir wissen, daß unser Grundgesetz in der Tradition der großen liberalen Verfassungen der Neuzeit steht. Jetzt werden Sie fragen: Was hat das mit Nikolaus von Kues zu tun? Nun, es hat das damit zu tun, und der Herr Bundespräsident hat es in seiner Ansprache gesagt, daß er vor mehr als einem halben Jahrtausend Gedanken zur Reform nicht nur der Kirche, sondern auch des Reiches gedacht hat. Und in seinem grundlegenden Werk *De concordantia catholica* hat er das niedergeschrieben. Seine Staatsauffassung in diesem Werk geht von der naturrechtlichen Annahme aus, daß wir Menschen alle frei geboren werden, und Macht von Menschen über Menschen deshalb nur durch Zustimmung übertragen werden kann. Und es ist sicherlich auch kein Zufall, lieber Herr Bundespräsident, daß ich mir genau das Zitat aufgeschrieben habe, das Sie am Anfang gebracht haben. Und ich halte es für so wichtig,

daß man es ruhig zweimal sagen kann: »Das Gesetz sollte von denen erlassen werden, die es verpflichtet, oder aber von der Mehrheit derer, die von den Gesetzesunterworfenen gewählt worden sind. Denn das Gesetz soll dem Gemeinwohl dienen. Und das, was alle angeht, muß von allen gebilligt werden. Und eine alle verpflichtende Entscheidung kann nicht anders zustande kommen als durch das Einverständnis aller oder die Mehrheit der Betroffenen. Niemand kann sich danach auf ein Verweigerungsrecht berufen, denn – kühner Gedanke – jeder hat sich das Gesetz selbst gegeben.« Man mag angesichts der modernen Verfassungswirklichkeit solche Sätze für sehr theoretisch halten, doch können weder Verfassung noch Verfassungswirklichkeit ohne grundsätzliche Richtungsweisung auskommen. Und dann gehe ich zum Schluß noch einen Schritt weiter in die Philosophie des Nikolaus von Kues, auch das haben Sie anklingen lassen, sehr verehrter Herr Bundespräsident. Er sagt: Alles, was geschaffen ist, hat seinen Ursprung in dem Einen, in dem Unendlichen, in dem, dem nichts entgegengesetzt werden kann. In der Schöpfung aber wird alles geprägt vom Unterschiedlichen, vom Anderen, vom Gegensätzlichen. Kein Ding, kein Mensch und auch keine menschliche Gemeinschaft sind einander gleich. Wörtliches Zitat: »Jegliches ist von Jeglichem verschieden. Doch im Unendlichen fallen alle Gegensätze in eins. Daraus folgt, daß alles Verschiedene und Gegensätzliche vom Ursprung her und auf das Ziel hin den Adel der Einheit und der Unendlichkeit in sich trägt. Die Andersheit des Geschaffenen ist darum kein Ärgernis, das bekämpft oder beseitigt werden müßte, schon gar nicht durch Gewalt.« Das bedeutet, daß die Menschen, die Völker und auch die Religionen nicht gewaltsam in eine Einheitsfassung gepreßt werden sollen, sie sollen vielmehr ihre Individualität, ihre Eigenart ausbilden. Und daraus folgt ein Toleranzbegriff, wie er nicht nur für Religionen gilt, sondern für jegliches menschliche Zusammenleben. Auf der Grundlage der Cusanischen Philosophie dürfen, können und sollen wir die Einheit des Verschiedenen denken ohne die Andersheit zu zerstören. Wenn uns, liebe Zuhörerinnen und Zuhörer, wenn uns im Cusanus-Jubiläumsjahr, wenn es uns da gelänge, die Gedanken der Einheit in der Verschiedenheit und der positiven Toleranz stärker noch mit Leben zu erfüllen, dann hätten sich unsere Anstrengungen in diesem Jahr reichlich gelohnt.

Der Bürgermeister der Verbandsgemeinde Bernkastel-Kues, Ulf Hangert, hielt die Dankansprache:

Meine sehr geehrten Damen und Herren, liebe Gäste aus nah und fern,

der Höhepunkt des heutigen Festtages geht dem Ende entgegen. An mir ist es, Dank zu sagen.

Sehr geehrter Herr Bundespräsident Rau, ich möchte mich im Namen der Verbandsgemeinde Bernkastel-Kues, aber insbesondere auch im Namen aller Bürgerinnen und Bürger bei Ihnen persönlich sehr herzlich bedanken. Sehr herzlich bedanken dafür, daß Sie zum einen uns die ganz große Freude bereitet haben, aber zum anderen auch uns die große Ehre haben zuteil werden lassen, diesen doch für die Region bedeutsamen Tag mit Ihnen gemeinsam zu begehen.

Aber ich möchte auch Dank sagen dafür, daß Sie so ein ausgesprochen großes Interesse, aufrichtiges Interesse, nicht nur Nikolaus von Kues entgegenbringen, sondern auch der Region und vor allem den Menschen, die in dieser Region leben; auch dafür Ihnen ein herzliches Dankeschön.

Seien Sie gewiß, Herr Bundespräsident, daß dieser Tag mit Ihnen in nachhaltiger Erinnerung aller Bürger bleiben wird. Und nehmen Sie auch die allerbesten Wünsche aus Bernkastel-Kues mit auf Ihre künftigen Wege.

Sehr geehrter Herr Ministerpräsident Beck, auch Ihnen gilt in gleicher Weise ein ganz besonderes Dankeschön dafür, daß Sie diesen außergewöhnlichen Tag mit uns gemeinsam verbringen. Als Rheinland-Pfälzer sind Sie in besonderer Weise mit Land und Leuten vertraut. Das wissen die Menschen, das spüren sie, und deshalb haben sich auch alle in besonderer Weise darauf gefreut, auch Sie heute hier in Bernkastel-Kues sehr herzlich willkommen zu heißen. Auch für Sie die allerbesten Wünsche aus Bernkastel-Kues, die Sie bitte mit nach Mainz nehmen.

Ich möchte darüber hinaus auch allen anderen danken, allen Vertretern aus dem öffentlichen Leben, aus der Wirtschaft, aus der Politik, die zum Gelingen dieses heutigen Tages beigetragen haben, aber auch damit die Bedeutung des heutigen Tages unterstrichen haben.

Ich möchte natürlich auch mich bei allen Bürgerinnen und Bürgern sehr herzlich bedanken, bei Ihnen, die heute Abend hier versammelt sind, die in gleicher Weise wie wir alle mit großer Spannung und mit großem Interesse auf diesen Tag gewartet haben. Ich wünsche Ihnen, ich wünsche uns gemeinsam noch einen schönen Abend. Vielen Dank.

Zum Abschluß schenkte Dr. Gestrich dem Bundespräsidenten eine wertvolle Faksimile-Ausgabe des Codex 218 der Hospitalsbibliothek. Dann verabschiedete sich der Bundespräsident Johannes Rau von einer Feier, die ihm sehr zugesagt hatte, wie er gerne in seinen Abschiedsworten betonte. Für die Teilnehmer des Festakts war der Besuch des »Ersten Bürgers der Republik« beim Festakt für Nikolaus von Kues ein würdiger Höhepunkt.

24. Mai, Bernkastel-Kues, St. Michael

PONTIFIKALAMT MIT BISCHOF DR. WILHELM EGGER, BOZEN-BRIXEN
URAUFFÜHRUNG DER KANTATE
»CUSANUS-MEDITATION«

Um 9.00 Uhr feiert der Bischof von Bozen-Brixen, Dr. Wilhelm Egger ofm, 86. Nachfolger des hl. Ingenuin auf dem Bischofsstuhl zu Brixen, 39. Nachfolger des Nikolaus von Kues, gemeinsam mit den Konzelebranten Weihbischof Karl Heinz Jacoby, Trier, Manfred Weber (Pfarrer von St. Michael), Prof. Dr. Josef Gelmi (Philos.-Theol. Hochschule Brixen), Pater ofm. Egger, Bruder des Bischofs, und Prof. Dr. Wolfgang Lentzen-Deis (Rektor der Theologischen Fakultät Trier) in St. Michael zu Bernkastel-Kues den Festgottesdienst. Dem Festgottesdienst geht unmittelbar voraus die Uraufführung der in Auftrag gegebenen und von dem sehr bedeutenden tschechischen Komponisten Petr Eben (*1929) übernommenen Kantate »Cusanus-Meditation«. Die Kantate wird aufgeführt von dem renommierten Bonner Kammerchor und dem Mládí-Kammerorchester unter der Leitung von Peter Henn.

Petr Eben wählte für seine Komposition »Cusanus-Meditation« die musikalische Form der Kantate. Das Stück ist geschrieben für Tenor solo, gemischten Chor, Streichorchester und Harfe. Die Besetzung ist bewußt gewählt. »Unter dem Eindruck der ungewöhnlichen geistigen Jugendlichkeit des Cusanus habe ich eine Tenorstimme ausgewählt... Als Begleitinstrument schien mir die Harfe am besten geeignet« (P. Eben). Die Auswahl des Textes, die unter beratender Mitarbeit von Dr. Helmut Gestrich/Cusanus-Gesellschaft und Bischof Dr. Paul-Werner Scheele/Würzburg stattfand, greift bewußt nicht auf philosophische Schriften, sondern auf Gebetstexte aus »Vom Sehen Gottes« zurück. Der Komponist schreibt dazu:

»Nicolaus Cusanus hat mich bereits seit dem Beginn dieses Jahres stets begleitet, als ich nämlich begann, seine Schriften zu lesen. Ich sollte einen Text auswählen, den ich zu seinem 600. Geburtsjahr vertonen könnte. Mich hat

diese durchdringende, direkt moderne Sichtweise auf die Frage der Ökumene verwundert. Wie viele Jahrhunderte mußten wir warten, bis es zu einem Dialog kam, den er in seinen Schriften bereits vorweggenommen hatte. Seine theologischen Texte lassen sich jedoch nur schwer singen, und ich weiß nicht, wie ich mit diesem Problem fertig geworden wäre, wenn es nicht den liebenswerten Bischof Dr. Scheele gegeben hätte. Er stellte mir aus seinem goldenen Fond Cusanus' Gebete zur Verfügung, die mich durch ihre tiefe Frömmigkeit ansprachen.«

Der formale Aufbau der Kantate wird bestimmt vom Dialog zwischen dem Solisten und dem Chor, der die Aussagen des Tenors wiederholt und sie damit emotional intensiviert und als »Stimme des Volkes« für die Allgemeinheit aufgreift. Inhaltlich wählt die Kantate die Form des Gebetes in direkter Anrede: Gott ist Begleiter des Menschen auf seiner Wanderfahrt, er ist zugegen, wenn der Mensch sich an ihn wendet, er ist bei ihm in Zeiten der Bedrängnis, er liebt und erhält alle Geschöpfe. Und doch tauchen in diesen emotionalen Gebeten Begriffe aus der Philosophie des Nicolaus Cusanus auf, zum Beispiel der Begriff des »verborgenen Gottes« (nach seiner Schrift »Vom verborgenen Gott/De deo abscondito« zur Jahreswende 1444/45). Sie behandelt in einem Gespräch zwischen einem »Heiden« und einem »Christen« die bis heute kaum erklärbare Frage, warum der Mensch einen Gott verehrt und anbetet, den er nie gesehen, erfahren oder begriffen hat.

Eine zweite Aufführung der Kantate fand am 13. September in Brixen, Cusanus' ehemaliger Bischofsstadt, statt.

Hier der Text der Kantate:

Tenor Solo: Du, Herr, bist der Begleiter meiner Wanderfahrt. In welcher Richtung ich auch gehe, Deine Augen weilen stets auf mir.

Chor: Du, Herr, bist der Begleiter meiner Wanderfahrt. In welcher Richtung ich auch gehe, Deine Augen weilen stets auf mir.

Tenor Solo: Und Dein Sehen ist Dein Bewegen. Du bewegst Dich also mit mir. Ruhe ich, bist Du mit mir. Werde ich hinansteigen, steigst auch Du. Werde ich hinabschreiten, schreitest auch Du hinab. Wohin ich mich wende, Du bist zugegen.

Was anderes ist Dein Sehen, Herr, wenn Du mich mit liebendem Auge betrachtest, als daß ich Dich sehe.

Chor: Was anderes ist Dein Sehen, Herr, wenn Du uns mit liebenden Augen betrachtest, als daß wir Dich sehen.

Tenor Solo: Indem Du mich ansiehst, läßt Du, der verborgene Gott, Dich von mir erblicken. Indem Du mich ansiehst, läßt Du, der verborgene Gott, Dich von mir erblicken.

Chor: Indem Du mich ansiehst, läßt Du, der verborgene Gott, Dich von mir erblicken.

Tenor Solo: Auch in der Zeit der Bedrängnis gibst Du mich nicht preis; so oft ich Dich anrufe, bist Du mir nahe. Dich anrufen heißt ja mich zu Dir wenden. Dem, der sich zu Dir kehrt, kannst Du nicht ferne sein. Du bist bei mir, bevor ich mich zu Dir kehre. Wärst Du nicht gegenwärtig, mich im Geiste zu erregen, so wüßte ich gar nichts von Dir.

Chor: Wir loben Gott, weil er so gut, barmherzig ist, keins von allen Geschöpfen haßt, alles gibt, alles erhält, gerecht ist und gütig. Wenn wir diese unsterblichen Tugenden lieben, so lieben wir also Gott, welcher die Liebe und Tugend ist. Und je größer die Liebe ist, um so mehr werden wir der unendlichen Liebe Gottes ähnlich, mehr mit Ihm vereint und werden klarer in die absolute ewige Liebe dann hineingewandelt.

Tenor Solo: Ihm anhangen und auf Ihn die ganze Hoffnung setzen, ist gut; denn Er ist das Leben der Lebenden, die Hoffnung der Sterbenden, das Heil aller, die auf Ihn hoffen.

Chor: Sei Du, meine beglückende Liebe, Du, mein Gott, in Ewigkeit gepriesen.

Die übervoll besetzte Pfarrkirche St. Michael, wo Cusanus' Bruder Johannes ehemals Pfarrer war, erlebte nach dem musikalischen Genuß noch einen anderen Genuß, nämlich die Predigt von Bischof Dr. Egger. Sie hat folgenden Wortlaut:

Drei wichtige Worte des Kardinals Cusanus für unsere Zeit: Praedicare – Evangelizare – Prophetare

Wir lassen uns an diesem hohen Fest der Himmelfahrt Jesu leiten von den Gedanken, die Nikolaus Cusanus zur Vorbereitung seiner Predigt am Fest Christi Himmelfahrt 1457 in Brixen niedergelegt hat (Sermo CCLXXXIV), an einem Fest, das, wie der Kardinal sagt: »Zu Recht für jeden Menschen ein freudenvolles Fest ist.«

Cusanus legt das Evangelium des Festtages aus, und er entfaltet in drei Worten den Auftrag, den Jesus den Jüngern gibt: Predigen, eine Frohbotschaft verkünden, und prophe-

zeien. Und er fügt dazu: »Idem enim est praedicare – evangelizare – prophetare – Predigen, eine Frohbotschaft verkünden und prophezeien meint nämlich dasselbe«.

Praedicare

Kardinal Cusanus hat den Auftrag zur Verkündigung als persönlichen Auftrag gelebt. Cusanus hat das Amt des Predigers sehr ernst genommen. In einer Zeit, als Bischöfe kaum predigten, hat er – etwa in den sechs Jahren in Brixen – 167 Predigtentwürfe hinterlassen. In der Zeit in den Jahren in Brixen hat er nur Predigtentwürfe verfaßt, keine philosophischen und theologischen Schriften. Bei den Pastoralvisitationen war immer eine der Fragen, ob die Gläubigen das Wort Gottes hören. Jene, die das Wort Gottes nie oder selten hören, verachten nach seiner Auffassung das Wort und sollten von der Eucharistie ausgeschlossen werden (so im Sermo CCLX).

Die Predigt soll nach Cusanus ein feuriges Wort sein: »Niemand ist fähig, das Evangelium zu verkünden (predigen), wenn er nicht jenen Geist hat, der bewirkt, daß aller Unglaube verschwindet und die Seele durch göttliche Hitze zum Glühen kommt, so daß die Worte zu einem feurigen, ja wahrhaft feurigen, Wort Gottes werden. Dann entzündet nämlich der Prediger in den Herzen der Hörenden jenes Feuer, von dem der Erlöser spricht: 'Ich bin gekommen, Feuer auf die Erde zu werfen.' Es handelt sich um das Feuer der Liebe, wenn der ganze Mensch entflammt ist, da er das Reich des ewigen Lebens ersehnt«. Wir brauchen keine predigende, alles besser wissende Kirche, wohl aber eine Kirche mit dem feurigen Wort, mit dem Verbum ignitum (Sermo CCLXXXIV).

Evangelizare

Das Praedicare soll nach Cusanus verbunden sein mit dem Evangelizare. In der Predigt über den guten Hirten (Sermo CCLXXX) nennt Cusanus als eine wichtige Aufgabe »Christum evangelizare«. Cusanus ist von Christus fasziniert. Für Cusanus ist die Liebe zu Christus das Wichtigste. Man hat zu Recht gesagt: Jesus Christus ist das Herz der Theologie des Cusanus. Cusanus selbst hat im Laufe seines Lebens, vor allem in seiner bischöflichen Tätigkeit in Brixen – wie er selber sagt –, immer mehr Christus als summa evangelii entdeckt. Ein solches Wort ist eine wunderbare Zusammenfassung einer Lebensgeschichte.

Dementsprechend ist das Ziel der Predigt des Cusanus, daß die Getauften christiformes werden. Er sagt sogar in seiner Predigt zum heutigen Fest: Credens Christo credens Jesus fit – der Glaubende wird so umgewandelt, daß er geradezu zu einem anderen Jesus wird.

Cusanus war daran interessiert, daß seine Schriften, auch seine Predigten verbreitet würden. Die Schriften wurden tatsächlich überliefert. Für mich ist das von Cusanus gestiftete St. Nikolaus-Hospital in Kues ein Symbol für das Wirken des Cusanus. Der ganze Bau ist gestaltet vom Gedenken an Christus. In der Kapelle ist die tragende Säule ein Symbol für Christus. Der Kapellenraum ist gestaltet nach theologischen Überlegungen zu den Zahlen 3 und 4. Die Bibliothek, für die Cusanus seine wertvollen Bücher stiftete, bietet Nahrung für den Geist. Das Stift wurde zu einem konkreten Evangelium, einer frohen Botschaft für 33 alte und pflegebedürftige Menschen. Die Zahl 33 erinnert an die 33 Jahre des Lebens Jesu. Es ist die Zahl, die es gemäß dem Globusspiel zu erreichen gilt, um sich der Vollkommenheit Christi anzunähern. Das Herz diesen Mannes, für den Christus das Herz der Theologie war, ruht nun in der Kapelle des Cusanusstiftes.

So verstehen wir, was »evangelizare« in vollem Sinn heißt: fasziniert sein von Christus, die 33 Schritte gehen zur Gleichförmigkeit mit Christus, damit wir zu Jesus werden.

Prophetare

Mit Praedicare und Evangelizare ist Prophetare verbunden. Für Cusanus ist das Prophetare in den Zusammenhang der Botschaft vom ewigen Leben gestellt. »Das ewige Leben anzukündigen, bedeutet Frohbotschaft oder gute Kunde. Die sterblichen Menschen gehen durch das Verdienst und die Lehre des Erlösers, des Sohnes Gottes, vom Tod zum Leben über«. Dies, so Cusanus, ist wahrhaft die beste Botschaft. Das ewige Leben ist der weite Horizont, in den wir unser christliches Leben stellen können. So ist unser Leben nicht eingeengt auf die kurze Zeit eines irdischen Lebens. In diesem Sinn feiern wir heute auch die memoria transitus nostri – die Erinnerung an unseren Weg in die Herrlichkeit (Sermo CCLXXXIII zu den Bittagen, 1457).

Cusanus gibt aber auch einige konkrete Hinweise für die Gestaltung der Zukunft. In vorreformatorischer Zeit verkündet er den Vorrang des Glaubens: »Nur der Glaube rechtfertigt«. Diese Botschaft ist angesichts des Traums der Macht in unserer Zeit auch für unsere Zeit entscheidend. Cusanus sieht die Notwendigkeit der Einheit der Christen, er arbeitet für die Versöhnung der katholischen und der orthodoxen Kirche, denn Cusanus weiß, daß es sonst zur Tragödie von Konstantinopel kommt (Eroberung Konstantinopels 1453 durch die Türken). Nach der Eroberung Konstantinopels träumt Cusanus von einem Religionsgespräch in Jerusalem, an dem die Vertreter der verschiedenen Religionen teilnehmen. Gegen den Wahn, daß wir alles messen und begreifen können, mahnt Cusanus zur docta ignorantia, zu einer belehrten Unwissenheit, einem heiligen Nichtwissen, das uns danken läßt, daß Gott sich uns als unfaßbar gezeigt hat.

Es ist ein großer Beitrag, den wir Christen für das neue Jahrtausend leisten können. Das Evangelium schenkt uns nämlich Werte, die das Leben lebenswert machen. So ist uns als Dienst in unserer Zeit und an unserer Gesellschaft aufgetragen, ein prophetisches Wort zu sagen gegen den Wahn, man könne alles machen und alles begreifen. Und wir sollen unseren Beitrag leisten zum Gespräch der Konfessionen und Religionen. Dies werden Menschen tun, die von Jesus fasziniert sind.

Wir bitten um die Gabe des Heiligen Geistes, den Jesus den Jüngern verheißen hat, damit wir in einer Zeit der vielen Botschaften nicht sprachlos sind, sondern fähig zum Praedicare – Evangelizare – Prophetare. Dieser Dienst am Wort Gottes ist unser Beitrag für die Gestaltung unserer Gesellschaft, denn unsere Welt braucht die Werte des Evangeliums: die Werte der Gottbeziehung, die Werte der Verbundenheit mit den Menschen, die Werte der Sorge um die von Gott in der Himmelfahrt Jesu so hoch geadelte Schöpfung.

Nach der Kommunionausteilung erlebte die versammelte Gemeinde dann noch einen weiteren Höhepunkt, nämlich das Verlesen der päpstlichen Grußbotschaft durch Weihbischof Jacoby. Der Hl. Vater richtete folgende Worte an die Gemeinde:

Meinem verehrten Bruder im Bischofsamt Leo Schwarz
Diözesanadministrator von Trier

1. Bevor sich unser Herr Jesus Christus zur Rechten des Vaters setzte, gebot er den Jüngern, seine Zeugen zu sein, und versprach ihnen dafür die Kraft des Heiligen Geistes (vgl. *Apg* 1,8). Seitdem durften die Jünger des Herrn durch die Jahrhunderte hindurch die Erfahrung machen, daß der Heilige Geist zu allen Zeiten den Reichtum seiner Gaben ausspendet (*1 Kor* 12, 4–11). In diesen bunten

Strauß vielfältiger Geschenke gehören auch die Gabe, Weisheit mitzuteilen, die Gabe, Erkenntnis zu vermitteln, die Gabe der Glaubenskraft und die Fähigkeit, die Geister zu unterscheiden. Unter die Söhne der Mutter Kirche, denen die genannten Gaben des Heiligen Geistes in besonders reichlichem Maß zuteil wurden, reiht man mit Recht Nicolaus Cusanus ein, dessen 600. Geburtstag wir in diesem Jahr feiern.

Anläßlich dieses würdigen Gedenkens werden in seinem Heimatort Kues, der in der Diözese liegt, die zu verwalten Dir aufgetragen ist, und auch an zahlreichen anderen Orten, die mit dem Moselaner in Verbindung stehen, Gedenkfeiern veranstaltet. Um im Geiste an diesen Feierlichkeiten teilzunehmen, habe ich mich entschlossen, dieses Schreiben an Dich zu senden. Ich tue es gern, da Nicolaus Cusanus mit seiner Gedankenwelt trotz der zeitlichen Entfernung, die uns von ihm trennt, auch eine Botschaft bereithält für all jene, die nach dem Abschluß des Heiligen Jahres die Frage stellen, die am ersten Pfingstfest bereits an Petrus gerichtet wurde: »Was sollen wir tun?« (*Apg* 2,37). Das Leben des Nicolaus Cusanus kann uns dafür einige Anhaltspunkte geben.

2. Wenn ich mich an diese große Persönlichkeit der Kirche erinnere, dann wandern meine Gedanken zur Titelkirche des Kardinals und Bischofs Nicolaus von Brixen, nach San Pietro in Vincoli, wo er auch bestattet wurde. Die Grabplatte verrät sein Geburtsjahr 1401. Nicolaus stammte aus einer einfachen, aber recht wohlhabenden bürgerlichen Familie namens Krebs zu Kues, gelegen an der Mosel zwischen Trier und Kobenz, wie eine auf ihn zurückgehende mitteleuropäische Karte eigens hervorhebt. In seiner Selbstbiographie bemerkt der zu großem Ansehen und hoher kirchlicher Würde gelangte Nicolaus Cusanus im Hinblick auf sein Herkommen: »Damit nun alle wissen, daß die Heilige Römische Kirche nicht auf Ort oder Art der Herkunft sieht, sondern eine äußerst großzügige Vergelterin der Tugenden ist, darum hat der Kardinal diese seine Geschichte zum Lobe Gottes niederschreiben lassen.«

3. In der Tat führte der Bildungsgang den jungen Nicolaus aus Kues über die Stationen Heidelberg, Padua und Köln in eine einzigartige Laufbahn ein, wobei er sich von Anfang an für den geistlichen Stand entschieden hatte. Sein Herz war einzig von dem Wunsch beseelt, der Kirche zu dienen. Das Konzil von Basel bot dem 31jährigen erstmals eine Bühne für sein Auftreten, wenngleich er zunächst in den damals vorherrschenden Gedanken des Konziliarismus verhaftet blieb. Doch bald reifte in ihm die Überzeugung, daß ein Allgemeines Konzil der Autorität des Nachfolgers Petri bedarf, dem Jesus Christus das höchste Hirtenamt über seine Herde anvertraut hatte. Auf der Grundlage dieser Einsicht entfaltete er eine segensreiche Tätigkeit, die diplomatische Missionen ebenso wie Initiativen zur Erneuerung der Kirche einschloß. Er war Mitglied der kleinen Konstantinopel-Delegation, die die Gesandtschaft der Griechen – mit dem Kaiser an der Spitze – zum Unionskonzil nach Ferrara-Florenz holte. Er beschwor die deutschen Fürsten, ihre Neutralität aufzugeben und Eugen IV. als rechtmäßigen Papst anzuerkennen. 1448 mit der Kardinalswürde ausgestattet, sollte er daraufhin im Auftrag des Papstes die deutschen Lande durcheilen, um allen, die anläßlich des Heiligen Jahres 1450 am Pilgerzug nach Rom verhindert waren, die Gnade des Jubiläumsablasses in der Heimat zu verkünden.

4. Die Legationsreise nutzte er gleichzeitig, um notwendige Reformen in Kirchen und Klöstern durchzuführen. Er strebte eine religiöse Erneuerung in Deutschland an, die vor allem in der Übereinstimmung mit dem Nach-

folger Petri bestehen sollte. Dabei gab er auch wertvolle Anstöße auf seelsorglichem Gebiet, wobei er sich besonders für die Verbreitung der Grundgebete sowie der elementaren Glaubens- und Sittenlehren einsetzte. Er wollte das Volk wieder beten lehren. So ordnete er für die einfachen Gläubigen die Anbringung von Wandtafeln an, auf denen das Vater-Unser, das Ave-Maria, das Glaubensbekenntnis und die Zehn Gebote eingeschrieben waren.

Die Geistlichen und Ordensleute erinnerte er daran, ein Leben der Heiligkeit zu führen, wie es ihrer besonderen Berufung entspricht. Um seinen pastoralen und spirituellen Zielen Wirkkraft zu verleihen, berief er Diözesan- und Provinzialsynoden ein. Es gelang ihm, den hohen Anspruch, den er an andere stellte, durch einen in seiner Einfachheit vorbildlichen Lebensstil einzulösen. Keinem seiner Gegner, die ihn vielfach aus unterschiedlichen Gründen schmähten, gab er Anlaß, die Integrität seines Lebenswandels in Zweifel zu ziehen. Da sich seine hohen Ziele und großen Programme mit persönlicher Glaubenswürdigkeit paarten, ist es Nicolaus Cusanus gelungen, das katholische Leben dort wieder aufzurichten, wo es daniederlag, und zu stärken, wo es erschlafft war.

5. Wenn Nicolaus Cusanus von Reform sprach, dann meinte er damit keinen Umbruch im Sinne einer modernen Anpassung an die Zeit, sondern Treue zur kirchlichen Überlieferung. Für ihn stand unverrückbar fest: Wer dem Glauben eine Zukunft geben will, muß um dessen Herkunft wissen. So fühlte er sich in seinem Wirken für die Glaubensvermittlung dazu gedrängt, eine Rückbesinnung auf die Ursprünge anzumahnen und auf diesem festen Fundament das Haus der Kirche bauen zu helfen (vgl. *Mt* 16,18). Sollte er in seinem Streben nach Erneuerung der Kirche manchmal auch grundsätzlich und ungestüm geworden sein, so können seine Mißerfolge weder seine tatsächlich erzielten Ergebnisse noch seine überragende geistige Größe verdecken. Ein Pfarrer der Diözese Brixen, der als Zeitgenosse unter Cusanus' Krummstab gewirkt hat, schrieb über seinen damaligen Bischof: »Das Bistum Brixen wurde bisher noch von keinem Oberhirten geleitet, der jenem, Cusanus, ähnlich gewesen ist oder gar gleichkommt, und das wird auch für alle Zukunft gelten.« Bei allem organisatorischen Talent, das Nicolaus Cusanus auszeichnete und seinem Tun die nötige Effizienz gab, verstand er sich selbst vor allem als Geistlicher und verzehrte sich in der Nachfolge des guten Hirten, der sein Leben hingab für seine Herde (vgl. *Joh* 10, 11–18). Mit besonders großem Eifer widmete sich Nicolaus Cusanus dem Dienst der Verkündigung. Darin unterschied er sich von manchem Bischof seiner Zeit. Die vielen Predigten, die auf uns gekommen sind, zeigen einen Verkündiger, der den Schatz der Heiligen Schrift erschließt und das biblische Wort mit Hilfe von philosophisch-theologischen Überlegungen ausdeutet, um sie dann mit pädagogischer und pastoraltheologischer Klugheit den Menschen nahezubringen.

6. Der Lebensweg des Kardinals und Bischofs Nikolaus von Brixen kannte aber auch Strecken, die von schweren Enttäuschungen und herben Bitterkeiten gepflastert sind. Keiner bestreitet, daß sein Eifer unermüdlich war: Er hatte mit den Böhmen über die Frage der Kommunion unter beiderlei Gestalten verhandelt; auf päpstliches Geheiß hin hatte er sich in dem mehr als hundertjährigen Erbfolgekrieg um die Wiederherstellung des Friedens zwischen England und Frankreich bemüht; er hatte sein Bistum als Seelenhirt vorbildlich geleitet, in seiner Eigenschaft als Landesfürst auch die Finanzen des Gebietes saniert und 1459 noch einen Entwurf zur Reform der Gesamtkirche vorgelegt.

Da wurde er in der Auseinandersetzung mit Herzog Sigismund von Tirol 1460 in seiner Sommerresidenz Bruneck belagert und gefangengesetzt. Nicolaus Cuanus mußte sein Bistum verlassen und sollte es nie wieder sehen. Er begab sich nach Rom zu seinem Freund Papst Pius II., der ihn schon ein Jahr zuvor zum Generalvikar für die weltlichen Angelegenheiten der Diözese Rom bestellt hatte. Hier fand der Kardinal nun auch die nötige Muße, um seine Alterswerke zu schreiben, vor allem seine große Vermächtnisschrift »Von der Jagd nach der Weisheit«.

7. Obgleich auf den ersten Blick der vielfältige und umfassende äußere Einsatz, den Nicolaus Cusanus auf verschiedenen kirchlichen Gebieten geleistet hat, ins Auge sticht, würde man seiner Persönlichkeit nicht gerecht, wenn man das gewaltige wissenschaftliche Werk über-

sähe, das er hinterlassen hat. Seine Bibliothek, die fast gänzlich erhalten geblieben ist, legt dafür ein beredtes Zeugnis ab. In allen damals gepflegten Wissensbereichen hat der Kardinal durch seine genialen Ideen Anregungen für das Weiterdenken gegeben und Akzente gesetzt, die bis heute – mitunter lange unerkannt – wirksam sind oder es verdienen, wieder aufgegriffen zu werden: in der Astronomie nicht weniger als in der Mathematik, ebenso in den Naturwissenschaften und auf medizinischem Gebiet, in der Geographie und Rechtsgeschichte, vor allem aber in Philosophie und Theologie.

Gott, der sich in Jesus Christus voll geoffenbart hat, war von Anfang an eine Art Achse seines Denkens, so daß sich für sein philosophisch-theologisches Mühen zwei elliptische Brennpunkte erhaben: der eine dreifaltige Gott sowie Jesus Christus, der menschgewordene Gott. Diese Botschaft wollte er in Wort und Schrift auch Nicht-Christen wie etwa Muslimen und Juden verständlich machen. Er suchte nach dem Gemeinsamen in den vielen Religionen, ohne die Verschiedenheiten zu unterschlagen, und wurde nicht müde, die Einzigkeit und Universalität Jesu Christi und seiner Kirche im Hinblick auf die Vermittlung des Heils ins Licht zu heben.

8. Seinem kirchlichen, geistlichen und auch geistigen Schaffen setzte er die Krone auf, indem er in seinem Heimatdorf ein Armen-Hospital stiftete und dafür sein eigenes Vermögen einbrachte. Im Geiste jener Frömmigkeit, die man die »Devotio moderna« nannte, sollten in diesem Hospital arme, abgearbeitete Greise ihre letzte Bleibe finden, dreiunddreißig an der Zahl, entsprechend der angenommenen Anzahl der Lebensjahre Jesu Christi. Die Stiftungsurkunde vom 3. Dezember 1458 belegt erneut, wie sehr sich Nicolaus Cusanus vom Geist der Bibel inspirieren ließ. Den Antrieb für dieses hochherzige Werk sozialer Verantwortung gaben ihm nämlich die Worte Jesu, die im Hinblick auf das Weltgericht gesprochen sind: »Was ihr für einen meiner geringsten Brüder getan habt, das habt ihr mir getan« (*Mt* 25,40). So hat der Kardinal seine Verkündigung glänzend beglaubigt, indem er sie als *Caritas* vorbildlich gelebt hat.

Als Nicolaus Cusanus am 11. August 1464 in Todi gestorben war, wurde sein Leichnam nach Rom überführt und in seiner Titelkirche beigesetzt. Auf seiner Grabplatte lesen wir die Worte: »Er liebte Gott, fürchtete und verehrte ihn; ihm allein diente er. Nicht getrogen hat ihn die Verheißung des Lohnes.« Dieser Inschrift wurde sein ausdrücklicher Wunsch beigefügt, bei »den Ketten des hl. Petrus« begraben zu sein. Einen weiteren persönlichen Wunsch erfüllte man ihm: Sein Herz wurde nicht in Rom beigesetzt, sondern in der Kirche des von ihm gestifteten Hospitals – inmitten der Menschen, die ihm besonders am Herzen lagen.

9. Das geistige Vermächtnis, das Nicolaus Cusanus uns hinterläßt, ist eine Verpflichtung für die Kirche, die sich auf den Weg gemacht hat ins dritte Jahrtausend. Es fordert die Christen auf, in der Liebe zu Gott nicht nachzulassen, am überlieferten Glauben der Kirche unverkürzt festzuhalten und diesen Anspruch durch ein überzeugendes und glaubwürdiges Leben einzulösen. Diesen hohen Zielen in Gemeinschaft mit dem Nachfolger Petri näher zu kommen, war ihm ein vorzügliches Anliegen. Denn die Lebensbotschaft des Kardinals läßt deutlich erkennen, daß er sich in seinem Wirken stets in den Dienst des Bischofs von Rom gestellt sah.

Bereichert und verpflichtet durch das Testament, das Nicolaus, der große Sohn aus Kues, der Nachwelt bis in unsere Tage hinterlassen hat, sende ich Dir, lieber Mitbruder, den Bischöfen, Priestern und Diakonen, den Ordensleuten und allen, die zum Gedenken an diese überragende Gestalt des 15. Jahrhunderts nach Bernkastel-Kues gekommen sind, herzliche Grüße aus der Ewigen Stadt. Indem ich den Verantwortlichen in Kirche und Gesellschaft die Kraft des Geistes und die Weisheit des Herzens erbitte, die Nicolaus Cusanus ausgezeichnet haben, erteile ich gern den Apostolischen Segen.

Aus dem Vatikan, am 15. Mai 2001

Joannes Paulus II

24. Mai, Bernkastel-Kues, Mosel-Brücke

ENTHÜLLUNG DER CUSANUS-SONNENUHR

Im Anschluß an den Festgottesdienst begeben sich die Menschen von der Kirche zur Mitte der Mosel-Brücke, wo die von den Künstlern Bernhard Franz (†) und Werner Seippel (†) entworfene Sonnenuhr enthüllt wird. Die Darstellung des Cusanus ist der Schedelschen Weltchronik entnommen. Bernhard Franz äußert sich wie folgt zu dem Kunstwerk:

Vieles erinnert in Kues an den sicher bedeutendsten Sohn der Moselgemeinde, allem voran das Geburtshaus und das St. Nikolaus-Hospital. Kues ist seit 1905 mit Bernkastel zur Stadt Bernkastel-Kues vereint. Sichtbares Zeichen der Einheit ist die Moselbrücke, die beide Stadtteile verbindet. Als bei der Vorbereitung des Cusanus-Jubiläumsjahres der Gedanke aufkam, Cusanus ein neues, sichtbares Gedenkzeichen zu schaffen, war es sicher angebracht, dafür einen Standort zu wählen, der beiden Stadtteilen angenehm ist, und die Wahl fiel auf die verbindende Moselbrücke.

Durch welches Zeichen sollte auf Nikolaus von Kues hingewiesen werden? Ein Zeitmesser aus dem Weltraum war sicher geeignet. Cusanus hat über Gott und seine Schöpfung nachgedacht. Als Philosoph hat er ein Weltbild entworfen und beschrieben, das von der Naturwissenschaft nach ihm als im Grunde richtig bestätigt worden ist. Nicht mehr der statische Stufenkosmos, sondern eine dynamische Welt, in der sich auch die Erde bewegt, war Gegenstand seines Denkens. Was lag da näher, als dem großen Mann aus Bernkastel-Kues ein kinetisches Denkmal zu errichten, das heißt, eines, das auf Bewegung hin angelegt ist, das uns mit Hilfe der Sonnenstrahlen sagt, wie weit der Tag fortgeschritten ist.

Auf dem Zifferblatt ist Cusanus dargestellt. Der Künstler Werner Seippel hat den Kopf des Kardinals nach der Abbildung in der Weltchronik von Hartmann Schedel aus dem Jahr 1493 gestaltet. Die Sonnenuhr erbaut hat Bernhard Franz aus Quierschied, ein Meister seines Fachs, der inzwischen in seinem Heimatort ein Sonnenuhren-Museum besitzt und unterhält.

Kurz vor der Mittagsstunde des Christi Himmelfahrt-Festtages, am 24. Mai, war es soweit: die Festteilnehmer, die nach dem Pontifikalamt in St. Michael in Bernkastel über die Moselbrücke zum St. Nikolaus-Hospital strebten, erlebten die Enthüllung der Cusanus-Sonnenuhr. Unter den Teilnehmern dieses Festaktes waren unter anderen der Nachfolger des Cusanus auf dem Brixener Bischofsstuhl, Bischof Dr. Wilhelm Egger, und der Kultusminister des Landes Rheinland-Pfalz, Professor Dr. Jürgen Zöllner. Frau Ursula Seippel vertrat ihren Mann, der diesen Tag leider nicht mehr erleben durfte. Der Erbauer der Sonnenuhr, Bernhard Franz aus Quierschied, erlebte sicher einen glücklichen Augenblick seines Lebens: er hatte durch sein Werk einen entscheidenden Akzent des Cusanus-Jubiläumsjahres gesetzt.

24, Mai, Bernkastel-Kues, St. Nikolaus-Hospital

OFFIZIELLER EMPFANG MIT STAATSMINISTER PROF. DR. E. JÜRGEN ZÖLLNER

Im Innenhof des St. Nikolaus-Hospitals findet anschließend ein offizieller Empfang mit Staatsminister Prof. Dr. E. Jürgen Zöllner, Ministerium für Wissenschaft, Weiterbildung Forschung und Kultur in Rheinland-Pfalz, statt. Den Empfang eröffnet H. Port, Bürgermeister der Stadt Bernkastel-Kues, mit folgenden Worten:

Guten Tag meine Damen und Herren,

nach dem gestrigen offiziellen Festakt zum Cusanus-Jubiläumsjahr, unter Anwesenheit unseres Bundespräsidenten Johannes Rau, des Ministerpräsidenten von Rheinland-Pfalz, Kurt Beck, und vieler hochgestellter geistlicher Würdenträger, haben wir heute morgen einen weiteren Höhepunkt der Cusanusfestwoche, das Pontifikalamt mit Bischof Dr. Wilhelm Egger und die Welturaufführung der Kantate »Cusanus-Meditation«, einer Auftragskomposition des tschechischen Komponisten Petr Eben nach Texten des Nikolaus Cusanus, erlebt und gehört, fürwahr ein Erlebnis, das dem Anlaß des 600ten Geburtstag des Nikolaus von Kues ohne Frage würdig erscheint.

Ich darf Sie alle zum heutigen Bürgerempfang im Namen der Stadt Bernkastel-Kues, der Geburtsstadt und der Heimat von Nikolaus Cusanus, begrüßen. Gestatten Sie mir, daß ich einige Ehrengäste persönlich anspreche.

Mein besonderer Gruß gilt dem Bischof von Bozen und Brixen, Exzellenz H. Dr. Wilhelm Egger, dem Staatsminister Herrn Prof. Dr. Zöllner, unserer Landrätin Frau Beate Läsch-Weber, unserem Verbandsbürgermeister H. Hangert, den beiden Landtagsabgeordneten H. Licht und H. Rösch, Herrn Dr. Gestrich, dem Vorsitzenden der Cusanus-Gesellschaft, Herrn Dr. Krämer, Ehrenmitglied der Cusanus-Gesellschaft, Herrn Dr. Aris vom Albertus-Magnus-Institut (Konzept »Horizonte«), Herrn Prof. Dr. Schwenkmezger, dem Präsidenten der Uni Trier, Herrn Prof. Dr. Lentzen-Deis von der Theologischen Fakultät in Trier, unseren Freunden aus der Partnerstadt Karlsbad, wobei ich hier stellvertretend den Präsidenten der Region Karlsbad, H. Dr. Pavel, und den 1. Bürgermeister der Stadt Karlsbad, H. Roubinek, nennen möchte, sowie ihren Landsmann und Komponisten der Kantate, H. Petr Eben. Ich hoffe, ich habe keinen vergessen, es sei mir verziehen.

Meine Damen und Herren, in der Reihe der großen Rheinland-Pfälzer nimmt Nikolaus von Kues neben Johannes Gutenberg, Hildegard von Bingen oder in der Neuzeit auch Karl Marx eine herausragende Stelle ein.

Seine unverwechselbare Persönlichkeit und sein geistiges Erbe reichen bis heute in das Jahr 2001 hinein, ja man kann sagen: Cusanus ist heute aktueller denn je, wenn man einmal seine Lebenszeit selbst ausklammert.

Betrachtet man, daß das Wissen über Cusanus in den vergangenen Jahrhunderten nur punktuell vorhanden und die Fülle seiner Werke und seines Handelns nur ansatzweise in ihrer Umfassendheit und Bedeutung zu erkennen war, so muß man heute konstatieren, daß es selten einen solchen Menschen und Gelehrten mit derartigen geistigen Fähigkeiten gegeben hat, der sich so eindrucksvoll in den letzten Jahren in Erinnerung gerufen hat und dessen geistiges Erbe auf breites Interesse gerade in der heutigen Gesellschaft stößt.

Manche behaupten, er war der gebildetste Deutsche seiner Zeit, Philosophieren war für ihn immer eine Art Erlebnis und der Mensch das Maß aller Dinge, wichtige Wahrheiten, die heute mehr denn je die Menschen beschäftigen und in ihr Bewußtsein eindringen.

Aber er war vor allem ein Moselaner, der in Kues, in diesem Ortsteil von Bernkastel-Kues, geboren wurde und von hier aus seinen für die damalige Zeit ungewöhnlichen Weg bis in die höchsten Ämter der damaligen geistlichen Welt gegangen ist.

Wir Bürger der Stadt Bernkastel-Kues sind stolz auf unseren berühmten Sohn. Seinem Leben, seinem geistigen Erbe, seiner Stiftung und seinen Werken ist es zu verdanken, daß unsere Heimatstadt nicht nur für ihr städtebauliches Flair und ihre weltbekannten Weinlagen, sondern auch als die Geburtsstadt des Nikolaus von Kues, des großen Gelehrten und Theologen des Spätmittelalters, bekannt ist. Der derzeitige Widerhall und das Interesse an den Cusanusfeierlichkeiten in Presse, Funk und Fernsehn ist groß, nicht zuletzt haben hierzu auch der Besuch des Bundespräsidenten, des Ministerpräsidenten und die große Zahl der kirchlichen Würdenträger beigetragen.

Ich denke, seine Wiederentdeckung hat begonnen.

Ich darf nun noch einmal den Staatsminister, Prof. Dr. Zöllner, begrüßen, der nun die Festansprache halten wird und für dessen Kommen ich mich bereits jetzt ganz herzlich bedanke.

Festansprache von Staatsminister Prof. Dr. E. Jürgen Zöllner

Im Namen der Landesregierung darf ich Sie in Rheinland-Pfalz hier in der Moselstadt Bernkastel-Kues sehr herzlich willkommen heißen.

Als 1998 erste konkrete Konzepte zum Jubiläumsjahr 2001 ausgearbeitet und an mich heran getragen wurden, war das Ziel nicht nur die Gewinnung weiterer und vertiefter wissenschaftlicher Kenntnisse über Nikolaus von Kues, sondern es galt, seine Persönlichkeit, sein Umfeld und seine Zeit in einer Weise darzustellen, daß möglichst viele Menschen ein Bild dieses faszinierenden Mannes, seines

Jahrhunderts, aber auch seiner Bedeutung für uns heute gewinnen können.

Dabei sollte insbesondere das Interesse der Jugend an der Biographie und Philosophie des Nikolaus von Kues und seinem Werk, das aus dem scholastischen Mittelalter in die neue Welt der Naturwissenschaften verweist, geweckt werden. Viele leitende Ideen bei Cusanus sind seiner Zeit voraus, wie auch der interessierte Laie sehr bald erkennt, auch wenn er bisher über die cusanische Vorstellungen von Kirche und christlichem Gemeinwesen kaum etwas wußte.

Seine Vorstellung von der Unendlichkeit der Welt leitete über zur mathematischen Wissenschaft der Neuzeit, und sein Weltbild wurde in der neuzueitlichen Wissenschaft in den Grundzügen bestätigt.

Seine »Docta ignorantia«, die als »Gelehrte Unwissenheit« oder »Weisheit des Nichtwissens« übersetzt wird, setzte Nikolaus Cusanus der wissensstolzen Dogmatik der christlichen Philosophie und Theologie des Mittelalters entgegen. Der Gedanke, daß niemand mit der begrenzten Kraft seines Geistes die Wirklichkeitsfülle einzelner Dinge wirklich adäquat erfassen könne, findet auch im Lichte der modernen Wissenschaft durchaus Bestätigung.

Zu Recht hat daher das Werk des Nikolaus von Kues in unserem Jahrhundert eine breite Renaissance erfahren.

Die Erarbeitung seines Lebenswerks dient sicherlich einerseits der musealen Bewahrung, darüber hinaus aber auch der Fruchtbarmachung für Fragenkomplexe aus der Gegenwart. Auch dies steht im Zentrum der wissenschaftlichen Arbeiten zur Cusanusforschung weltweit und war schon Thema der regelmäßigen internationalen Symposien.

Einen großen Beitrag zur kritischen Edition des Predigtwerkes leisten die vom Cusanus-Institut herausgegebenen Cusanusschriften, weitere Veröffentlichungsreihen sowie die Bibliographiebetreuung.

Das 1960 an der Universität Mainz begründete und 1980 an die Universität und Theologische Fakultät Trier verlegte Institut für Cusanusforschung hat sich in der Trägerschaft der Cusanus-Gesellschaft in vier Jahrzehnten einen ausgezeichneten weltweiten Ruf erworben, wie nicht zuletzt der renommierte Kreis von Wissenschaftlern bei den regelmäßigen Symposien zeigt.

Internationalität zeigt sich aber auch in der Zusammensetzung des wissenschaftliche Beirates der Cusanus-Gesellschaft.

In diesem Zusammenhang möchte ich ausdrücklich die am Institut eingerichtete Forschungsstelle der Heidelberger Akademie der Wissenschaften erwähnen, zu der Herr Prof. Dr. Beierwaltes im Folgenden sicherlich noch Ausführungen machen wird.

Die Landesregierung fördert die Bildung von wissenschaftlichen Schwerpunkten und die Zusammenarbeit von wissenschaftlichen Forschungseinrichtungen mit den Universitäten, weil damit einerseits hervorragende Forschungsarbeit geleistet werden kann, andererseits diese auch der Lehre und damit der Ausbildung der Studierenden zu Gute kommt. Das zum Wintersemester 1997/1998 eingerichtete fachübergreifende »Cusanus-Studium« bietet auch außerhalb eines Theologiestudiums die Möglichkeit, ein entsprechendes Zertifikat an der Universität Trier zu erwerben.

Hinzuweisen ist in diesem Zusammenhang auf die Vorlesungsreihe in Kooperation mit dem Studium Generale an der Johannes-Gutenberg-Universität Mainz, bei der abwechselnd Veranstaltungen in Mainz, Bernkastel-Kues und Trier stattfinden mit unterschiedlichen Referenten und Schwerpunkten.

Neben den Studierenden werden aber auch die Schulen vermehrt an Cusanus herangeführt. Im Rahmen des Jubiläumsjahres ist die in den Oberstufen der Schulen im Regierungsbezirk Trier im April/Mai angebotene Projektwoche »Vom Manuskript zum Buch« zu erwähnen.

Zum »Tag der Jugend und der Schulen« am 21. und 22. Mai 2001 wurde von Schülerinnen und Schülern der »Cusanus-Schulen« mit Ausstellungen, Theater, Musik und prämierten Projekten und Facharbeiten des Themas gedacht.

Interessant ist auch das Koblenzer Angebot in Zusammenarbeit mit dem Institut für Evangelische Theologie der Universität Koblenz – Nikolaus von Kues im Rahmen der Erlebnisausstellung »Abenteuer Florinskirche« – für Schülerinnen und Schüler der Kassen 3–10, die das Leben und Wirken des Cusanus als Dekan am Koblenzer Stift St. Florin in spielerischer Form an historischer Stätte sich selbst erschließen können.

Aber auch für die Bürgerinnen und Bürger der Stadt und der Region gibt es eine Reihe von Veranstaltungen und Anlässen, sich mit der beispiellosen Karriere des Nikolaus von Kues vom Kaufmannssohn zum Kardinal der Römischen Kirche zu befassen und den berühmten Sohn der Stadt als Grenzgänger zwischen Mittelalter und Neuzeit angemessen zu würdigen.

Ich denke dabei an die große zentrale Ausstellung im Bischöflichen Dom- und Diözesanmuseum in Trier sowie im St. Nikolaus-Hospital in Bernkastel-Kues »Horizonte – Nikolaus von Kues in seiner Welt«, die sein Leben und Werk unter verschiedenen Aspekten beleuchtet. Außerdem wird im St. Nikolaus-Hospital die Lesewelt des Cusanus aufgeblättert und die Bildwelt gezeigt, die er angeregt hat. Der dort befindliche größte Teil der cusanischen Bibliothek stellt ein eindrucksvolles sowie wertvolles Vermächtnis seines Wirkens dar.

Neben den Bereichen Wissenschaft, Jugend, Kunst und Musik gibt es noch einen kulinarischen Schwerpunkt mit leiblichen und geistigen Genüssen zu Ehren des Nikolaus von Kues. Das mittelalterliche Marktspektakel im Umfeld des St. Nikolaus-Hospitals in Bernkastel-Kues laßt dann am 26. und 27. Mai die Welt und das Denken aus der Zeit des Nikolaus von Kues noch einmal lebendig werden.

Daneben gibt es im gesamten Jahr 2001 noch weitere Veranstaltungen, auch seitens der Cusanus Akademie Brixen, zur Ehrung des überragenden Philosophen, hervorragenden Theologen und unermüdlichen Seelsorgers aus Bernkastel-Kues.

Den Wissenschaftlern unter Ihnen wünsche ich im Rahmen des Symposions einen interessanten und kollegialen Erfahrungsaustausch, den Bürgerinnen und Bürgern der Region und weiteren Besuchern eine interessante Begegnung mit einer vielfältigen Persönlichkeit, einem Mann, der so weit voraus gedacht hat, daß seine Aktualität bis heute reicht.

Auf die Ansprache von Minister Prof. Dr. Zöllner richteten in dieser Reihenfolge Prof. Dr. Peter Schwenkmezger, Präsident der Universität Trier, Prof. Dr. Wolfgang Lentzen-Deis, Rektor der Theologischen Fakultät Trier, Frau Beate Läsch-Weber, Landrätin des Kreises Bernkastel-Wittlich, und Zdeněk Roubinek, Erster Bürgermeister der Stadt Karlsbad (Tschechien), ihre Grußworte an die Anwesenden.

Ansprache von Prof. Dr. Peter Schwenkmezger, Präsident der Universität Trier

Sehr geehrte Herren Abgeordnete, sehr geehrter Herr Minister, sehr geehrter Herr Weihbischof, sehr geehrter Herr Bürgermeister, meine Damen und Herren,

gestatten Sie mir, daß ich auch als Präsident der Universität Trier ein kurzes Grußwort an Sie richte.

Vielleicht wird sich mancher von ihnen fragen, was die Universität Trier mit den Feierlichkeiten zum 600. Geburtstag von Nikolaus von Kues zu tun hat. Natürlich interessieren sich viele Forscherinnen und Forscher der Universität Trier für die Philosophie, die historische Dimension und die Theologie des Nikolaus von Kues, und diese wissenschaftliche Neugier gab dann auch den Anlaß für eine enge Zusammenarbeit mit der Cusanus-Gesellschaft, die 1980 auch institutionalisiert wurde. Das Institut für Cusanusforschung, ehemals an der Universität Mainz beheimatet und deren Träger die Cusanus-Gesellschaft ist, wurde 1980 nach Trier verlagert und wird seitdem als gemeinsames Institut von Universität und Theologischer Fakultät Trier geführt. Damit ist es ein wichtiges Bindeglied der erfreulichen und fruchtbaren Zusammenarbeit zwischen Universität und Theologischer Fakultät, die sich auch auf der persönlichen Ebene in freundschaftlicher Verbundenheit fortsetzt. Dafür möchte ich Ihnen, stellvertretend für viele, sehr verehrter Herr Lentzen-Deis, als Rektor der Theologischen Fakultät im Namen der ganzen Universität danken.

Als Beispiele gemeinsamer Aktivitäten ist vieles zu nennen, ich kann nur weniges aufzählen: Es gibt feststehende Einrichtungen, die unser akademisches Leben bereichern: Ich nenne die regelmäßigen Cusanus-Vorlesungen bedeutender nationaler und internationaler Forscherinnen und Forscher, unsere meist gemeinsam veranstalteten Workshops und Symposien, die gemeinsamen Forschungsprojekte. Leicht könnte ich die Liste ergänzen. So will ich nur noch ein Beispiel nennen: die Gründung der Akademie Kues, einer Bildungseinrichtung im Sinne des Stifterauftrags für Seniorinnen und Senioren. Diese Gründung ist nicht zuletzt auf der Basis einer Konzeption entstanden, die von Herrn Prof. Dr. Dräger (Pädagogik) zusammen mit seinen Mitarbeiterinnen und Mitarbeitern erarbeitet wurde.

Einen Punkt will ich besonders hervorheben: Diese Zusammenarbeit und deren Ergebnisse sind ein lebendiges Beispiel für die Notwendigkeit der sorgfältigen Pflege der Geisteswissenschaften, deren aktuelle Bedeutung uns gerade am Beispiel des Nikolaus von Kues überaus deutlich vor Augen steht und wie dies uns der Bundespräsident gestern in seiner so eindrucksvollen Rede mahnend verdeutlicht hat.

Lassen Sie mich drei persönliche Danksagungen und einen Wunsch anfügen:

Ich danke den Mitgliedern des Kuratoriums der Cusanus-Gesellschaft, daß Sie mich sozusagen als »Neuling« nach meiner Wahl zum Präsidenten der Universität Trier so wohlwollend und freundschaftlich in Empfang genommen haben und mir von Anfang an das Gefühl gaben, daß meine bescheidenen Ratschläge auf fruchtbaren Boden fallen.

Ich danke Herrn Dr. Gestrich, der mich an einem ebenso sonnigen Maitag wie heute vor ca. einem Jahr durch diese Räumlichkeiten geführt, die Forschungseinrichtungen gezeigt und in einem Seminar sozusagen »privatissime et gratis« mein Verständnis des Lebens, Wirkens und Denkens des Cusanus in eindrucksvoller Weise vertieft hat.

Schließlich danke ich dem Kollegen Kremer für seinen unermüdlichen Einsatz für das Forschungsinstitut, genauso dem derzeitigen Direktor, Herrn Kollegen K. Reinhardt, beide von der Theologischen Fakultät, der Universität aber freundschaftlich verbunden.

Schließlich bleibt mein Wunsch für einen weiteren erfolgreichen Verlauf der Festlichkeiten und für eine fruchtbare Fortführung der Cusanusforschung.

Ansprache von Prof. Dr. Wolfgang Lentzen-Deis, Rektor der Theologischen Fakultät Trier

Da ich selbst aus Kues stamme, gestatten Sie mir eine Reminiszenz aus meiner Schülerzeit. Zweimal in der Woche trafen sich Schülerinnen und Schüler des »Städtischen Neusprachlichen Realgymnasiums« in den fünfziger Jahren des vorigen Jahrhunderts in der Kapelle dieses Sankt Nikolaus-Hospitals, die das Herz des Cusanus birgt, zur Schulmesse. Cusanus wurde in diesen Gottesdiensten kaum einmal erwähnt.

Fast 13 Jahre lang ging ich als Junge in Kues zur Schule, zunächst in die »Volksschule« und dann zum hiesigen Gymnasium. Cusanus war kaum einmal Gegenstand des Unterrichts.

Eine Bestätigung des Bibelworts vom Propheten, der in der Heimat kein Ansehen hat (vgl. Joh 4,44)? Aber wir müssen bedenken, daß die geistesgeschichtliche und die aktuelle Bedeutung des Nikolaus von Kues lange Zeit in Vergessenheit geraten war.

Das gilt sogar für dieses Hospital, des Kardinals eigene, einzigartige Stiftung, der er seine grandiose Bibliothek als sein kostbarstes Vermächtnis anvertraut hat. Es gab eine Zeit, da ausländische Bücherfreunde manche der schönsten und wertvollsten Handschriften aus dem Besitz der Bibliothek zu Schleuderpreisen erwerben konnten.

Erst der große Koblenzer Johann Josef Görres (1776–1848) hat das Verdienst, das Interesse der rheinischen Heimat für Nikolaus, den unvergleichlichen Kueser Landsmann, wieder erweckt zu haben.

Erst vor etwas mehr als 100 Jahren wurde Cusanus von Philosophen aus weltanschaulich unterschiedlichen Richtungen wieder entdeckt. Damals begann man auch, seine Stellung in der Geschichte der Mathematik und der Naturwissenschaften in den Blick zu nehmen. Es sei dem Rektor der Theologischen Fakultät Trier nachgesehen, wenn er aus der Schar bedeutender Forscher, die sich in der ersten Hälfte des vergangenen Jahrhunderts mit Cusanus beschäftigten, nur den Namen des Trierer Philosophen Joseph Lenz herausnimmt.

Erst 1960 wurde die Cusanus-Gesellschaft mit Sitz hier in Bernkastel-Kues gegründet. In der zweiten Hälfte des 20. Jahrhunderts erweitern sich dann die wissenschaftlichen Cusanus-Arbeiten mannigfaltiger Forschungseinrichtungen international zu einer fast unüberschaubaren Fülle.

Am längsten brauchte erstaunlicherweise die Theologie, bis sie Nikolaus, den Kueser, anerkannte und zu schätzen begann. Und hier darf ich wiederum einen Landsmann hervorheben: den aus dem benachbarten Winzerort Maring stammenden Rudolf Haubst, den Begründer des Instituts für Cusanusforschung – zunächst in Mainz und dann an der Universität und Theologischen Fakultät in Trier. Nicht umsonst hat die Theologische Fakultät Trier diesem überaus verdienstvollen Cusanusforscher 1973 den Ehrendoktortitel verliehen.

Die Cusanusforschung, vor allem die theologische Cusanusforschung, scheint noch lange nicht auf ihrem Höhepunkt angekommen zu sein. Geradezu am Anfang stehen die Bemühungen, die Schriften und Predigten des Cusanus für die Praktische Theologie fruchtbar zu machen. Die politischen und reformerischen Ziele des kurialen Diplomaten Nikolaus, die ökumenischen Absichten des Unionstheologen, die erkenntnistheoretischen Spekulationen des Philosophen, die mathematischen und kosmologischen Beobachtungen des Naturkundlers und seine medizinischen Einsichten, all das, was den universalen Geist des Cusanus auszeichnet, bleibt letztlich unverstanden, wenn der zentrale Bezugspunkt seines Denkens und Wirkens nicht gesehen wird: Nikolaus war ein tiefgläubiger, gottverbundener Mensch, ein aus den biblischen Schriften lebender, betender Theologe, ein unermüdlicher Seelsorger, ein besorgter Bischof und überragender Prediger. Es ist das – vielleicht noch zu wenig in der Forschung beachtete – dialogische, pragmatische, glaubensmittlerische Interesse, das sein Wirken, seine Schriften, ganz besonders seine »Sermones«, zutiefst bestimmt.

Am heutigen Jubiläumstag wird dieser Gesichtspunkt symbolisch dadurch hervorgehoben, daß der Nachfolger des Nikolaus von Kues auf dem Brixener Bischofsstuhl, der

Oberhirte der Diözese Bozen-Brixen, Herr Bischof Dr. Wilhelm Egger, unter uns weilt, dem Festgottesdienst vorstand und uns – inspiriert von seinem großen Vorgänger – das Wort Gottes erschloß.

Die Theologische Fakultät Trier ist den Veranstaltern des Cusanus-Jubiläums dankbar dafür, daß ihrem Rektor mit diesem Grußwort die Gelegenheit gegeben wird, an die unermessliche Bedeutung zu erinnern, die Nikolaus von Kues und von Brixen für die theologische Wissenschaft, die Verkündigung, die Pastoral und Glaubenspädagogik hat.

Ich gratuliere meiner Heimatstadt Bernkastel-Kues und ihren Kirchengemeinden, dem Sankt Nikolaus-Hospital, der Cusanus-Gesellschaft, dem Nikolaus-von-Kues-Gymnasium und allen Cusanus-Freunden sehr herzlich zum 600. Geburtstag unseres großen Landsmanns und wünsche den Feierlichkeiten weiterhin einen von Gott gesegneten Verlauf.

Ansprache von Beate Läsch-Weber, Landrätin des Kreises Bernkastel-Wittlich

Sehr geehrter Herr Staatsminister Professor Dr. Zöllner, sehr geehrte Exzellenz, Bischof Dr. Egger (Diözesanbischof von Bozen-Brixen), sehr geehrter Herr Landrat a. D. und Vorsitzender Dr. Gestrich (Cusanus-Gesellschaft und Kulturförderverein Bernkastel-Kues e. V.), liebe Jubiläumsgäste,

»Nikolaus von Kues erschien in Deutschland wie ein Engel des Lichts und des Friedens inmitten der Dunkelheit und Verwirrung. Er stellte die Einheit der Kirche wieder her, befestigte das Ansehen ihres Oberhauptes und streute reichen Samen neuen Lebens aus.

Ein Teil desselben ist durch die Herzenshärte der Menschen gar nicht aufgegangen, ein anderer Teil trieb Blüten, die aber infolge Trägheit und Lässigkeit rasch wieder verschwanden, doch ein guter Teil hat Früchte getragen, deren wir uns noch heute erfreuen.

Er war ein Mann des Glaubens und der Liebe, ein Apostel der Frömmigkeit und der Wissenschaft. Sein Geist umfaßte alle Gebiete des menschlichen Wissens, aber all sein Wissen ging von Gott aus und hatte kein anderes Ziel, als die Verherrlichung Gottes und die Erbauung und Besserung der Menschen. Man kann daher von ihm wahre Weisheit lernen.«

Mit diesen Worten würdigte ein ebenfalls bedeutender Moselaner, der sechs Jahrzehnte nach ihm in Trittenheim geboren wurde, Cusanus. Es war der Humanist und Benediktinerabt Johannes Trithemius. (1462–1516)

Jurist war er, dieser Nikolaus von Kues, und Philosoph, Naturwissenschaftler, päpstlicher Legat, Bischof von Brixen, Kurienkardinal von Rom – kurz: ein universaler Geist und ein universales Genie. In diesem Jahr gedenkt Bernkastel-Kues mit Ausstellungen, Gottesdiensten, Vorträgen, meditativen Abenden, Konzertveranstaltungen, insbesondere der Cusanusfestwoche und dem vom 23. – 26. Mai stattfindenden internationalen wissenschaftlichen Symposium seines bedeutenden Sohnes, der vor 600 Jahren anno 1401 in Kues das Licht der Welt erblickte.

Auch der Landkreis Bernkastel-Wittlich ist stolz auf seinen berühmtesten Sohn Nikolaus von Kues. Deshalb hat die Redaktion des Kreisjahrbuches Bernkastel-Wittlich für ihre diesjährige Jubiläumsausgabe zum 25–jährigen Erscheinen auch das Leben und Werk des Cusanus als Leitthema ausgewählt.

Ich freue mich sehr, daß viele Autorinnen und Autoren unseres Kreisjahrbuches der Einladung zu diesem Empfang gefolgt sind. Mit dieser Einladung sagen wir herzlich danke für ihr vielfältiges und großes Engagement bei der Erforschung und Darstellung unseres reichen Kulturerbes. Nikolaus von Kues, davon bin ich überzeugt, wird auch in den zukünftigen Ausgaben des Kreisjahrbuches immer wieder einen bedeutenden Platz finden.

Es ist schwierig, Cusanus' Vita gerecht zu werden. Er erschloß sich die weite Welt durch Lektüre, Studien und seine zahlreichen Reisen. Zweifellos war Cusanus seiner Zeit weit voraus. Lange vor G. Bruno entwickelte er Theorien zur Unendlichkeit des Universums. »Denker zwischen Mittelalter und Neuzeit«, »Pförtner der Neuzeit«, wird er genannt, weil er der anbrechenden Neuzeit die Tür offnete. Darüber hinaus war er ein Wegbereiter der Ökumene. Cusanus hat seiner Nachwelt mit seinen zahlreichen philosophisch-theologischen Schriften, z. B. »De docta ignorantia« – Die Weisheit des Nichtwissens«, und mit seinen naturwissenschaftlichen Schriften ein Vermächtnis von unschätzbarem Wert hinterlassen. Im St. Nikolaus-Hospital, auf dem Anwesen seiner Familie, gründete er (in der Zeit von 1450 – 1458 erbaut) das Armenhospital mit Platz für 33 alte bedürftige Menschen – gemäß den Lebensjahren Christi auf Erden. Cusanus' Wille war es, daß dort alte Menschen Fürsorge, Pflege und »ihre letzte Heimat« finden. Und so ist es bis heute geblieben.

Das spätgotische St. Nikolaus-Hospital in Bernkastel-Kues mit Refektorium, Kreuzgang, Kapelle sowie der Bibliothek mit der wertvollsten Handschriftensammlung Deutschlands zieht alljährlich tausende Besucherinnen und Besucher sowie Cusanusfreunde aus aller Welt in seinen Bann.

Ich freue mich, daß durch das Cusanus-Jubiläumsjahr und diese Festwoche unsere touristische Hauptstadt Bernkastel-Kues Gastgeberin unseres höchsten staatlichen Repräsentanten, Herrn Bundespräsidenten Johannes Rau, des rheinland-pfälzischen Staatsministers, Herrn Prof. Dr. Zöllner, vieler hoher kirchlicher Würdenträger, zahlreicher Cusanus-Forscherinnen und -Forscher sowie vieler Cusanus-Freundinnen und -Freunde ist und sein wird.

Das herausragende Werk von Cusanus hat lange Zeit nicht die ihm gebührende öffentliche Beachtung gefunden. Im 20. Jahrhundert erfuhr Nikolaus von Kues eine Renaissance, die sich in unserer Region u. a. auch durch die Gründung der Cusanus-Gesellschaft in Bernkastel-Kues im Jahre 1960 äußerte. Seit 1973 ist mein Amtsvorgänger, sind Sie, sehr geehrter Herr Dr. Gestrich, Vorsitzender dieser Vereinigung zur Förderung der Cusanus-Forschung. Sie, sehr geehrter Herr Dr. Gestrich, haben sich in den vergangenen drei Jahrzehnten herausragende, internationale Verdienste um die Pflege des Vermächtnisses von Nikolaus von Kues erworben. Für Ihr Engagement danke ich Ihnen im Namen der gesamten Kreisbevölkerung sehr herzlich. Das Cusanus-Jubiläumsjahr trägt maßgeblich Ihre Handschrift.

Der vor 600 Jahren in Bernkastel-Kues geborene Sohn eines Kaufmanns und Schiffseigners, Nikolaus von Kues, hat uns auch heute noch so unendlich viel zu sagen. Er ist uns Vorbild im christlichen Glauben, in Weltoffenheit, Weisheit, Toleranz und Nächstenliebe. Ich bin überzeugt, das Jubiläumsjahr 2001 und insbesondere die Cusanus-Festwoche werden dem Wertekanon des großen Kueser Kardinals zu neuer Blüte verhelfen.

Ansprache von Zdeněk Roubinek, Erster Bürgermeister der Stadt Karlsbad (Tschechien)

Sehr geehrter Herr Staatsminister, sehr geehrter Herr Bürgermeister Port, sehr geehrter Herr Dr. Gestrich, sehr geehrter Herr Weihbischof Jacoby aus Trier, sehr geehrte Damen und Herren,

Ich grüße Sie alle herzlich im Namen unserer Delegation aus Ihrer Partnerstadt Karlovy Vary (Karlsbad), auch im Namen des Präsidenten der Karlsbader Region, Herrn Dr. Pavel, der mit uns zu Ihnen angereist ist.

In diesen Tagen erinnern wir uns an die große Persönlichkeit des berühmten Kardinals und Reformators Nikolaus von Kues. Schon das Mittelalter war eine interessante Epoche, in welcher die internationale Zusammenarbeit und der Austausch der Gedanken bewiesen wurden.

Die historischen Parallelen zwischen Bernkastel-Kues und Karlsbad entstanden ebenso im Mittelalter, unter der Herrschaft des böhmischen Königs und Römischen Kaisers Karl IV., dem Gründer unserer Stadt Karlsbad. Unsere Stadt feiert ebenfalls 600 Jahre Jubiläum in diesem Jahr, und zwar 600 Jahre der offenen Stadt. Vom Jahre 1401 an hatte unsere Stadt das Asylrecht. Die offene Stadt ohne Befestigung sowie das Privilegium der Ruhe in der Stadt und des Verbots des Tragens von Waffen sollten die Sonderstellung des Bäderzentrums unterstreichen.

Wir schätzen sehr, daß wir hier mit Ihnen diesen Festtag zusammen mit weiteren bedeutenden Gästen feiern dürfen, wir danken Herrn Petr Eben für seine Kantate »Cusanus-Meditation« (Utajeny búh) und freuen uns, daß wir bei der Uraufführung die persönlichen Zeugen waren.

Wir wünschen unserer Partnerstadt Bernkastel-Kues genauso wie der ganzen Moselregion eine weitere erfolgreiche Entwicklung.

Es lebe die internationale Zusammenarbeit!!

Ich möchte im Namen unserer Delegation aus Karlsbad der Stadt Bernkastel-Kues ein Geschenk überreichen.

MARKT DER KRÄMER, ZÜNFTE UND VAGANTEN

26. / 27. Mai, Bernkastel-Kues, Umfeld des St. Nikolaus-Hospitals

Markteröffnung durch Bürgermeister Port

Ehrenreiche Bürgerinnen und Bürger der Stadt Bernkastel-Kues, weitgereiste Gäste und Besucher,

es gibt eine Vielzahl von Gründen und Anlässen, miteinander zu feiern und wir, die wir im Tale der Mosel die köstlichsten Tropfen Weines zu fertigen wissen, die wir weithin auch berühmt sind ob unserer Gastfreundschaft, wissen davon, glaube ich, ein anmutiges und vielstimmiges Lied zu singen.

Doch in diesem Jahr haben wir darüber hinaus die überaus große Freude und Ehre, den 600. Geburtstag eines Sohnes dieser Stadt zu feiern, der eine wahrlich beeindruckende Geschichte geschrieben hat: Nikolaus von Kues – Sohn des ehrenwerten Bürgers, Schiffsherren und Schöffen der Stadt Kues, Johann Cryfftz.

Es war der festliche Wille und ausdrückliche Begehr des Magistrates wie auch des Kulturfördervereines der Stadt, zu diesem Anlaß alles in unserer Macht Stehende zu tun, um die Geschichte und Philosophie dieses gelehrten und visionären Mannes wieder in das Licht der Öffentlichkeit zu rücken, wie es ihm gebührt.

Ihr habt, glaube ich, in den letzten Tagen und Monaten bereits staunend das geschäftige Treiben erleben können, welches in unserem idyllischen Ort anhub und unablässig stärker zu werden schien. Wie in einem Bienenkorb geht es zu, seit wir die Kunde und Einladung weithin über die Erde gesandt haben.

Eine Vielzahl an Philosophen, Theologen, studierten und höchst gebildeten Gelehrten aus allen Teilen der Welt sind herbeigeeilt, um miteinander in der Disputation und Interpretation über die Schriften des Cusanus zu wetteifern.

Abgesandte unzähliger Fürsten haben ihr Kommen gemeldet, und erst vor wenigen Tagen weilte der Bundespräsident des nunmehr geeinten Hl. Römischen Reiches deutscher Nation in den Mauern dieser Stadt.

Und niemand vermag zu überschauen, wie viel Chronisten von Presse, Funk und Fernsehen diese Stadt seit Wochen belagern, um die Neuigkeiten und Historien in die Welt hinaus zu tragen.

Doch nun endlich soll gehalten sein ein Fest, für alle Bürger und weitgereisten Gäste, wie es gute Sitte ist und alter Brauch. Der Markt der Krämer, Zünfte & Vaganten wird uns zurückversetzen in die Zeit des Nikolaus von Kues, einer bewegten Zeit an der Schwelle vom Mittelalter zur Neuzeit.

Es wird sein ein »Spectaculum« des fahrenden Volkes, in dem Welt und Denken aus der Zeit des Cusanus auf vielfältige Weise lebendig werden und Brücken zur heutigen Zeit geschlagen werden – mit Gauklern, Spielleuten, Artisten und Komödianten, mit Theater und Musik, mit Händlern, die ihre Waren feilbieten, mit Handwerkern, die ihre alte, fast ausgestorbene Kunst vorführen, und Wirtsleuten, die allerlei Köstlichkeiten von Met und Wein bis zu Hühnerbraten nach alten Rezepten servieren.

Wir alle dürfen schauen und staunen und nach Herzenslust ins Geschehen eintauchen. Es wird sich lohnen, dabei neugierig Aug und Ohr offen zu halten, denn jeder Mitwirkende hat auf seine Art etwas besonderes zu bieten. Illustre Gestalten aus alter Zeit werden sich die Ehre geben, Ablaßprediger, Nonnen, Gelehrte, Gaukler und Künstler, sowie Zeitgenossen und Wegbegleiter des Nikolaus von Kues, die die Welt des Cusanus aufflackern lassen, Einblicke in sein Leben und sein Werk geben und sein Gedankengut unter das Volk bringen; und dies ist letztlich der tiefere Sinn dieses mittelalterlichen Marktspektakels.

CUSANUS-FESTWOCHE

ZEITREISE: *Beim mittelalterlichen Marktfest in Bernkastel-Kues prosten sich Stefanie Philipps (re.) und Manuela Buß – in selbst genähten Gewändern – zu.* Foto: Marita Blahak

Bevor nun also der Reigen beginnt, mag ich dem Kulturförderverein, dem Marktorganisator Manfred Richter alias Lupus Ludens und seiner Mitstreiterin Marion Schulzke, der Truppe um Hermann Lewen und dem städtischen Bauhof für ihre Ideen und ihr geduldiges und beharrliches Engagement danken, ohne die dieses mittelalterliche Stadtfest nicht Wirklichkeit geworden wäre.

Nun, liebe Bürgerinnen und Bürger, verehrte Gäste und Besucher, so ihr euch also befleißigt, auf dem Markt ein wenig zu lustwandeln

CUSANUS-JUBILÄUM
Ablass fürs Völlen und die Sufferey
Mittelalterliches Marktfest am Bernkasteler Moselufer begeistert Jung und Alt – Alte Handwerkskunst wird lebendig

Von unserer Mitarbeiterin
MARITA BLAHAK

BERNKASTEL-KUES. Einer der Höhepunkte des Cusanus-Festjahres war das mittelalterliche Marktspektakel am Wochenende. Jung und Alt stürzten sich in das Treiben und ließen sich in die ebenso fremde wie faszinierende Welt der Händler, Gaukler und Rittersleute entführen.

Es ist im Maien Anno Domini 1451, als sich ein illustrer Zug vom Rathaus über die Brücke zum St. Nikolaus-Hospital bewegt. Allen voran der Schultheiß Wolfgang Port, der mit großem Gefolge - Musikanten der Bürgerwehr, Spielleut', prunkvoll gewandeten Tänzern und fröhlicher Kinderschar zum Mittelalter-Markt am Moselufer zieht. Begleitet wird der Zug vom Marktvogt Lupus von der Auen und Marktvögtin Marion vom Roten Buck. Viel ausgelassen Volk erwartet schon die mittelalterlichen Schar, die auf ihrem Weg modernem Autoverkehr Einhalt gebot.

Marktordnung muss befolgt werden

„Während dieser beiden Tage soll Marktfrieden gehalten sein", verkündet Lupus ludens die Marktordnung, die ein jeder zu befolgen habe. „Dazu gehört neben der Reinhaltung der Plätze, dass ihr nicht mit schmutzigen Händen an die Speisen langet, sondern mit Tuch oder Stocklein das Mahl zum Maule führet". Auf dass der Labung eine Labsal sei auch für die Seele, dafür trugen Spielleut' mit alten Instrumenten, Gaukler, Puppenspieler, Musikanten und Tänzer Sorge. „Doch auch bei Fressen und Saufen sollt ihr euch gutlich tun", lud der Marktvogt ein zum erlebnisreichen Gang ins mittelalterliche Treiben. „Wir alle dürfen staunen und schauen", erhob der „erste Mann des Magistrates", Wolfgang Port, seinen güldenen Ratsbecher und eröffnete mit hehren Worten das Spectaculum. Dank sagte er allen Organisatoren und Teilnehmern. „So

„Schultheiß" Wolfgang Port führt den mittelalterlichen Festzug zum Bernkasteler Moselufer. Foto: Marita Blahak

ihr euch also befleißigt, auf dem Markte lustzuwandeln, seid ihr allseits willkommen", sprach Port und mischte sich selbst unters Volk. Illustre Gestalten aus alter Zeit gaben sich die Ehre. So auch ein redegewandter Ablassprediger, der allerorten einen Ablassbrief von Kardinal Nikolaus Cusanus anbot: „Für alle Vergehen soll der Brief reuigen Sündern Ablass gewahren - sei es für maßloses Völlen, verderbliche Sufferey, sündigem Thun bei Nacht oder anderer schlimmer Vergehen, die einem frommen Christenmenschen nicht geziemen".

Den großen und kleinen Besuchern gefiel es, sich ins mittelalterliche Treiben zu stürzen. Neugierig blieben sie stehen an den Kramerständen mit allerlei nutzbringenden und wunderlichen Dingen - ob Trinkhörner, Ritterausrüstung, Lederwaren aller Art, mittelalterlichen Gewändern und (Kopf-)Schmuck, Schwertern, Schnallen und Gürteln. Überall führten Meister ihrer Kunst ihr Handwerk vor, ob Schmied, Steinmetzgesellin, Holzschnitzer, Papierdrucker, Korbflechter oder Bürstenmacher. Auch heimische Künstler mischten mit beim mittelalterlichen Markt. Katrin und Friedmunt Sonnemann waren heruntergekommen von der „Königsfarm" und informierten über alternative Lebensformen.

Die junge Frau zeigte Interessierten zudem, wie sie die Wolle eigener Schafe mit Naturfarben färbt. Auch für Schüler der Bernkastel-Kueser Grundschule war es Ehrensache, beim Fest zu Ehren des großen Sohnes der Stadt mit-zuwirken. Mit Musik und Tanz unter Leitung von Ingrid Franzen erfreuten die Zweitklässler das Publikum.

Überall lag der „Duft" offenen Feuers und knusprig Gebackenem in der Luft. Hier rösteten Hungrige kleine Brote an Stangen über der Glut, dort gab es Ritterwurst, Bier, Met und Saft - so musste das Volk weder Hunger noch Durst erleiden. Und bei unterhaltsamer Musik der Freiburger Spielleut', kurzweiligen Geschichten, Tanzdarbietungen der Bernkasteler Tanzgruppe oder Akrobatik kam keine Langeweile auf und es wurde viel und laut gejubelt und „geklappert" (geklatscht). „Und wenn es euch gefallen hat, so greift in die Tasche des Nachbarn nach Silbermünzen, die ihr dann in unsere Hüte fallen lasst", erging die Aufforderung der Musikanten. Bei Bogenschießen und Ritterspielen konnte groß oder klein sein Geschick erproben. So präsentierte sich das Marktspektakel als einer der Höhepunkte der Cusanus-Festwoche, als Platz des Handels, als Ort des Tanzes, der Musik und der Kurzweil – kurzum als Markttag, an dem das Volk von überall herbeiströmte und sich gerne dem Zeitvertreib einer alter Epoche hingab.

Selbst der Badetag war öffentlich. Mann, Weib und Kind machten es sich in den großen Holzzuber bequem. Das mittelalterliche Spektakel kam gut an – gewünscht hätten sich die Besucher allerdings eine genauere Information über die Aufführungszeiten der einzelnen Aktionskünstler.

und mitzumachen, seid ihr herzlich eingeladen, es gibt viel zu sehen, und für das leibliche Wohl ist bestens gesorgt, und natürlich sind die Preise auch noch fast wie anno dazumal.

So seid ihr alle in diesem Sinne herzlich willkommen, ich wünsche Euch viel Vergnügen und unterhaltsame Stunden bei unserem mittelalterlichen Marktfest in Bernkastel-Kues.

Der Markt ist eröffnet!

PONTIFIKALAMT MIT KARDINAL DR. KARL LEHMANN, MAINZ
für die verstorbenen Cusanusforscher/Innen

27. Mai, Bernkastel-Kues, St. Briktius, Taufkirche des Nikolaus von Kues

Die Festwoche kann mit dem erst seit wenigen Wochen zum Kardinal ernannten Bischof von Mainz und gleichzeitigem Vorsitzenden der Deutschen Bischofskonferenz abgerundet werden. Um 10.00 h feiert Karl Kardinal Lehmann mit den Gläubigen der Pfarrei St. Briktius und vielen Gästen ein Pontifikalamt, in welchem er die folgende Predigt hält:

mehr vorantreibt. Trotz Erfolgen und Höhen in seinem Leben gelingt aber nicht alles. So erlebt er z. B. erheblichen Widerstand gegen seine Reformversuche in Brixen und muß die Flucht von dort antreten. Seine letzten Jahre verbringt Nikolaus von Kues schließlich in Rom und in Orvieto.

Liebe Schwestern und Brüder!

Nikolaus von Kues, der vor 600 Jahren das Licht der Welt erblickte, hat schon durch seinen Namen dieses Städtchen bis zum heutigen Tag weltberühmt gemacht. Wie wenige Menschen seiner Zeit hat er in den verschiedenen Bereichen Philosophie und Theologie, in den Wissenschaften und in der Kirchenpolitik immenses Ansehen erlangt und Geschichte gemacht.

1450 wird er öffentlich zum Kardinal und zum Bischof von Brixen berufen. Die Situation seiner Zeit beunruhigt ihn immer wieder und regt ihn zur geistigen Auseinandersetzung an. Der Fall von Konstantinopel im Jahre 1453 führt etwa dazu, daß er das Studium des Islam und der Vielfalt der Religionen noch

Als Mann des 15. Jahrhunderts hat er gewiss in besonders auffälliger Weise eine Art »doppeltes Gesicht«. Zum einen ist er tief im Mittelalter verwurzelt, und nicht nur dies: die heidnische und christliche Antike, gleichsam die ganze klassische Bildung Europas ist in ihm gegenwärtig. Dabei geht es nicht nur um Philosophie und Theologie, sondern auch um Mathematik und Astronomie. Zum anderen aber weist er zugleich und ganz besonders in die Zukunft. Man hat ihn nicht zufällig »Pförtner der Neuzeit« genannt. Er gilt als große Symbolfigur einer der einschneidenden Epochewenden der europäischen Geschichte. Damit steht er für eine Entwicklung, die sich allerdings gewiß nicht nur an einem Tag und in einem Mann vollzieht, sondern in vielen Stufen.

Ich möchte dies im Rahmen und in den Grenzen einer Predigt an einem zentralen Wort des Nikolaus aufzeigen, das auch in unsere geistige Situation hinein sprechen kann. Wir feiern ja nicht einen steinernen Zeugen bloßer Vergangenheit, sondern einen maßgeblichen Denker, der tief in das Wesen von Gott, Mensch und Welt hineinführen kann.

Für Nikolaus von Kues ist der menschliche Geist das lebendige Bild Gottes (mens viva Dei imago). Wir kennen die Grundaussage, daß der Mensch nach dem Bild und Gleichnis Gottes geschaffen ist und daß dies gerade in den geistigen Fähigkeiten des Menschen zum Ausdruck kommt, ohne daß wir deswegen den Leib abspalten dürften. Als lebendiges Bild Gottes ist der Geist wesentlich frei. Er kann aus sich Bewegung hervorgehen lassen. Er bringt die Mathematik hervor, er kann Neues hervorbringen. Nikolaus zeigt dies auch an der schöpferischen Fähigkeit des Menschen, z. B. der Löffelschnitzkunst (vgl. De mente 2). Ihr Urbild ist nur im menschlichen Geiste. Es ist nicht bloß, wie die Tradition annimmt, Nachahmung eines in der Natur oder im Reich der Ideen gegenwärtigen Dinges. Dies macht den Stolz des Erfinders aus (vgl. Vom Globusspiel). Es ist geradezu erregend – und dies macht die hohe Faszination von Nikolaus bis zum heutigen Tag aus –, daß er wie kaum jemand vor ihm diese schöpferische Fähigkeit mit der Autonomie und Spontaneität des Geistes verbindet. Dabei darf man nicht vergessen, daß dies für ihn zu einem lebendigen Gottesbild gehört. Der Geist ist ein lebendiger Spiegel Gottes. Hier kommt Nikolaus wirklich zu Erkenntnissen, die weit nach vorne weisen. Vieles über die Entwicklung von Ideen in geistigen Prozessen kommt erst bei späteren Denkern zum Tragen.

In der schönen, aber nicht leichten Schrift »Über das Sehen Gottes« finden wir eine Reihe von Kernsätzen hierfür. So sagt der Mensch zu Gott: »An mir liegt es, mich für dich, so weit ich es vermag, immer mehr empfänglich zu machen.« Nikolaus legt Gott sogar in Anwendung auf den Menschen die Worte in den Mund: »Sei du dein, und ich werde dein sein.« In der Predigt von Mariä Himmelfahrt des Jahres 1456, die von einem einzigen Wort, nämlich »Effeta« (Mk 7, 34), handelt – es geht um die Öffnung und Heilung des Taubstummen –, steht der verblüffende Satz: »Er (Gott) hat die Macht, (dem Menschen) zu sagen: 'Sei du das, was du willst!'« Dem Menschen wird eine grundlegende Fähigkeit zur Selbstgestaltung zugesprochen, und zwar von Gott selbst.

Aber man darf hier nicht stehen bleiben, wie es leider oft geschehen ist und auch heute noch geschieht. Bei Nikolaus ist diese schöpferische Selbstgestaltung des Menschen in einem weiteren Horizont, aus dem er denkt, zu sehen. Die Fähigkeit des Menschen zum Schöpfertum, die sich entfaltet, verdankt sich nicht sich selbst. Sie ist dem Menschen geschenkt. Es ist wirklich ein Element der Gottebenbildlichkeit des Menschen. Nikolaus weiß außerdem auch sehr gut, daß dies alles in den Gesamtzusammenhang der Schöpfung eingebunden ist. Er weist etwa immer wieder darauf hin, daß in dieser schöpferischen Fähigkeit eine große ethische Aufgabe ruht, nämlich die praktische Freiheit, nicht nur selbständig zu handeln, sondern sich selbst immer besser zu gestalten, als lebendiges Bild immer mehr dem Urbild näher zu kommen. Darum ist sie nicht eine unumschränkte Freiheit grenzenloser Willkür, sondern in letzter Tiefe ein Erkennen, das eng mit der Liebe und der Anerkennung anderer Geschöpfe verbunden ist. Der Geist kann darum auch seine königliche Führungsaufgabe vernachlässigen, wenn er seiner Verantwortung nicht nachkommt, moralisch versagt und Schuld auf sich lädt. Nikolaus bewertet hier besonders auch die Leiblichkeit des Menschen sehr positiv. Schließlich betont er die Freiheit des Geistes nur so zuversichtlich, weil er die Hoffnung hegt, daß Jesus Christus den Menschen immer wieder aus der Verlorenheit zurückruft. Denn letztendlich ist dieses Bild Gottes im Menschen zwar durch unsere Schwächen in der Gefahr der Verdunkelung, aber es ist auch unverlierbar und kann durch Umkehr wieder seine ursprüngliche Wirklichkeit entfalten.

Dies ist ein kleines Beispiel dafür, wie kühn Nikolaus denkt, wie sehr er aber auch im Glauben verwurzelt bleibt. Es ist darum falsch, die kühnen Ideen wie aus einem Steinbruch als einzelne Findlinge herauszubrechen und zu glauben, man könne die theologischen und mittelalterlichen Reste hinter sich lassen. Ohne die ständige Rückkehr zum bleibenden Ursprung des menschlichen Geistes fürchtet Nikolaus um den Missbrauch dieser großen Freiheit des Menschen. Er sieht die Gefahr vor allem in einem Wissenshochmut, in einem vermessenen Vertrauen auf die »eigene Kraft der Vernunft« und den »Fortschritt in den Wissenschaften« (vgl. Nachweise bei J. Stallmach, Ineinsfall der Gegensätze und Weisheit des Nichtwissens, Münster 1989, 49 mit 145).

Damit ist der Bogen auch geschlagen zu den Problemen, die wir heute nicht mehr mit Nikolaus allein lösen können, für die er uns aber grundlegende Wegweisungen mitgibt. Ich denke an das Verhältnis der Schöpferkraft des menschlichen Geistes, der Forschungsfreiheit des Menschen und seiner technischen Möglichkeiten, zum Schutz des menschlichen Lebens und der Ehrfurcht vor ihm, wie es in den Diskussionen um die Probleme der Bioethik evident ist. Nikolaus von Kues hat uns noch viel zu sagen, gerade da, wo wir ihn oft halbieren und nicht mit ihm weitergehen. Die Chance dieses Gedenkjahres besteht darin, daß wir gerade in der Kirche wieder den ganzen Nikolaus sehen und wiederentdecken. Und wo könnte dies besser seinen Anfang nehmen als in seiner Heimat, die so viele Zeugnisse von ihm bewahren darf. Es geht aber sicherlich nicht nur um museales Bewahren dessen, was uns von Nikolaus überliefert ist, sondern um den offensiven Einsatz der Grundeinsichten des Nikolaus gerade auch heute. Amen.

27. Mai, Bernkastel-Kues, Geburtshaus des Nikolaus von Kues

MATHEMATICS AND THE DIVINE
Vorstellung des Buches von Dr. Luc Bergmanns, Tours

Im Anschluß an das Pontifikalamt begibt sich der Kardinal in Begleitung von Dr. Helmut Gestrich, Bürgermeister Port, Verbandsbürgermeister Hangert, Generalvikar Rössel sowie den Professoren Kremer, Lentzen-Deis und Reinhardt in das Geburtshaus, um einem Vortrag von Prof. Dr. Luc Bergmanns von der Universität Tours über »Mathematics and the Divine« zu lauschen.

Der Referent stellt in diesem Vortrag das unter dem gleichnamigen Titel geplante Buchprojekt vor, das 2003 erscheinen soll. Hier die vom Referenten stammende Zusammenfassung:

Im Rahmen des Forschungsprojektes »Mathematics and the Divine« wird versucht, die Geschichte der von dem mathematischen Denken und Handeln ausgehenden theologischen und mystischen Spekulationen zu schreiben. Der erste Teil des Vortrages schildert ein Gesamtbild dieses Projektes. Der zweite Teil behandelt den mit dem cusanischen Denken verwandten und von dem Niederländer L. E. J. Brouwer begründeten Intuitionismus. Brouwer beantwortet die Frage des Wahrheitsanspruchs in der Mathematik durch Bezugnahme auf die Tätigkeit des Mathematikers, der die Rolle eines »in sich selbst bleibenden« zweiten Schöpfers spielt. So ersetzt Brouwer das traditionelle binaire System (*1° a ist wahr. 2° a ist nicht wahr*) durch ein neues, ternaires, das explizit auf das begründende kreative Subjekt (*ich*) verweist (*1° Ich sehe ein, daß a wahr ist. 2° Ich sehe ein, daß a nicht wahr ist. 3° Ich sehe nicht ein, daß a nicht wahr ist*). Die erste Negation (*nicht*) in 3° erlaubt dem Intuitionisten, auf legitime d. h. rein allusive Weise zu sprechen von dem, was sich zurückzieht hinter die Domänen, zu denen das kreative Subjekt unmittelbar Zutritt hat. Die allusive Annäherung betrifft vor allem das Unendliche. Genauso wie in der negativen Theologie, kommt im Intuitionismus das Band mit dem Unlimitierten durch ein Geständnis eines Limitiert-Seins (*Ich sehe nicht ein*) zustande.

NIKOLAUS CUSANUS, KARDINAL UND BISCHOF ODER DIE VERSUCHUNG DER MACHT

27. Mai, Bernkastel-Kues, Akademie Kues

Am Abend dieses Tages findet in der Akademie Kues eine szenische Lesung des Schauspiels von und mit Peter Kropp statt. Thema: »Nikolaus Cusanus, Kardinal und Bischof oder die Versuchung der Macht«.

ZUR CUSANUS-REZEPTION IN JAPAN

28. Mai, Mainz, Johannes Gutenberg-Universität

Prof. Dr. Kazuhiko Yamaki von der Waseda-Universität in Tokyo hält im Rahmen der Ausstellung »Horizonte« den 5. Vortrag in Mainz (am 30.05. in Trier) über das Thema: »Zur Cusanus-Rezeption in Japan«. Kernpunkt seiner Ausführungen ist:

Das erste japanische Interesse für Cusanus ist erweislich von einem typischen Vertreter, dem japanischen Philosophen Kitaroh Nishida (1870–1945), geweckt worden, und danach wurde es von Kuhgai Yamamoto (1902–2001) verstärkt, der sich einmal bei E. Hoffmann aufhielt, um eine frühe Bearbeitung der Heidelberger Cusanus-Edition kennen zu lernen. Neben diesem, von buddhistischen Gesichtspunkten aus entstandenem Interesse, sind seit der Nachkriegszeit zwei neue Strömungen der Cusanus-Forschung in Japan erschienen: die eine untersucht aufgrund rein philosophiegeschichtlichen Interesses Gemeinsamkeiten zwischen Cusanus und Leibniz oder Hegel etc.; die andere behandelt aufgrund eigenen christlichen Glaubens Cusanus als christlichen Denker von Anfang an. Diese verschiedenen Interessen für Cusanus sind seit 1982 in der japanischen Cusanus-Gesellschaft aufgefangen, die ca. 60 Mitglieder hat und bis heute 4 Bände der »Studia Cusana« veröffentlicht hat.

Auszug aus: Japanische Ausgabe von Nicolai de Cusa, De dato patris luminum: Opera omnia vol. IV.

1. Juni, Bernkastel-Kues, Akademie Kues

CUSANISCHE MEDITATIONEN
RÄUME UND ZEITEN DER STILLE
»GOTT SCHMECKEN WIE EINEN GUTEN WEIN« (SERMO IV)

In den Räumen der Akademie Kues meditiert Dr. Jürgen Wichmann, Direktor der Kath. Akademie Trier i. R., mit den Anwesenden über den Satz aus der Predigt »Der katholische Glaube« vom Dreifaltigkeitssonntag 1431 zu Koblenz: »Gott schmecken wie einen guten Wein« (Cognoscitur aliquando Deus sicut vinum). H. Wichmann faßt wie folgt zusammen:

Der zitierte Satz klingt einfach und leicht, in ihm spiegelt sich aber das Gottesbild des Cusanus. Der Wein ist gerade für den Moselaner als Geschenk Gottes nicht nur das edelste aller Getränke und damit ein Labsal des Menschen, erst recht dient er sowohl zur leiblichen Heilung als auch durch seine Verwandlung in das Blut Christi zum Heil. Die Frage hier ist: Kann der Mensch Gott sehen, tasten, riechen, schmecken, ja im Munde wälzen, eben wie einen guten Wein? Ist Gott also mit einem der Sinne erfahrbar oder steckt er allein in den Beweisführungen der Theologen? Oder in den Visionen der Mystiker? Oder aber offenbart sich der Schöpfer auch durch Geschaffenes, etwa den Wein? Doch, sagt Nikolaus, wir sollen Gott erkosten, Christi Blut in uns herabrinnen lassen, Christus einatmen, sollen ihm zum Gedenken Christus in uns aufnehmen und uns mit ihm – mit Gott – verbinden. Denn für Nikolaus sind Gott und Mensch und, als Mittler, der Gottmensch unlösbar verknüpft zu universaler Einheit.

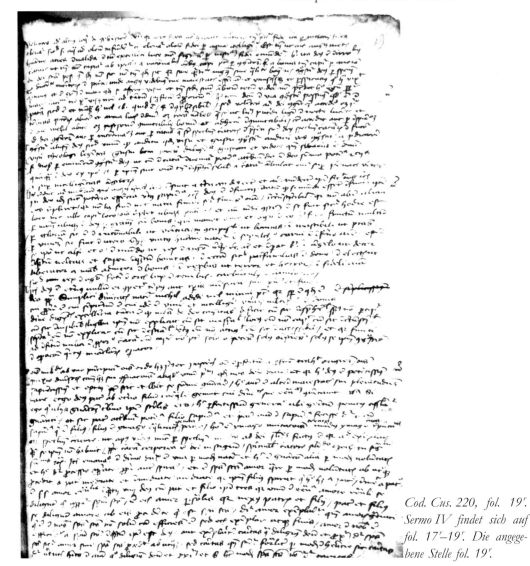

Cod. Cus. 220, fol. 19ʳ. Sermo IV findet sich auf fol. 17ʳ–19ʳ. Die angegebene Stelle fol. 19ʳ.

»AUF DEN SPUREN DES CUSANUS IN BERNKASTEL-KUES«
Exkursion der VHS Koblenz

10. Juni, Bernkastel-Kues

Ähnlich wie die Volkshochschule Schweich (12.05.) unternimmt auch die Volkshochschule Koblenz unter Leitung von Direktor Dr. Dietrich W. Rollinghoff eine Exkursion nach Bernkastel-Kues, über die dieser kurz berichtet:

Am Sonntag, 10. Juni, fuhren 46 Interessierte aus Koblenz und Umgebung mit dem Bus nach Bernkastel-Kues. Die Exkursion galt dem großen Sohn des Ortes, Nikolaus von Kues, der vor 600 Jahren dort geboren wurde. Die Anfahrtszeit im Bus wurde von Dr. Andreas Michel genutzt, um einige Informationen über Nikolaus weiterzugeben, nicht zuletzt auch über seine Zeit am Dekanat St. Florin in Koblenz. In Kues wurde am Vormittag das Geburtshaus besichtigt, geführt von Dr. Helmut Gestrich, neben der ständigen Ausstellung auch die Sonderausstellung ›Horizonte‹ besucht. Nachmittags war dann Gelegenheit, das von Nikolaus gestiftete Hospital zu besichtigen. Erfüllt von den Eindrücken des Tages trat die Gruppe gegen 16.00 Uhr die Heimfahrt an.

EIN FREUND DIESES HAUSES
NIKOLAUS VON KUES UND DIE KARTÄUSER

11. Juni, Mainz, Johannes Gutenberg-Universität

Dr. Marc-Aeilko Aris hält im Rahmen der Ausstellung »Horizonte« den sechsten Vortrag (am 13.06. in Bernkastel-Kues). Er spricht über »Ein Freund dieses Hauses – Nikolaus von Kues und die Kartäuser«. Hier sein Abstract:
In der Biographie des Cusanus, zumal in der Phase der Legationsreise, fällt seine Gewohnheit auf, Kartausen als Zufluchtsort zu wählen, wenn äußere Umstände andere Aufenthaltsorte als zu unruhig oder zu gefährlich erscheinen lassen. Hervorstechend ist in dieser Hinsicht sein Besuch in der Kartause von Lüttich. Sie gewährte ihm genau die Rückzugsmöglichkeit, derer er bedurfte, um seinen kirchenpolitischen Handlungsspielraum zu erhalten. In ähnlichem Sinne mag das auch von den Kartausen in Trier, Mainz, Koblenz und Roermond gelten, denen er freundschaftlich verbunden war. Darüber hinaus stellten die Kartausen aber auch eine interne Kommunikationsgemeinschaft dar, welche durch die in den Ordensstatuten festgelegte Bücherpflege zur Verbreitung philosophischer und theologischer Fachliteratur erheblich beitrugen. So entwickelte sich in den Kartausen ein gegenüber den Universitäten selbständiger Wissenschaftsbetrieb, an dem Cusanus in zweifacher Hinsicht teilnahm: indem er Handschriften aus der kartäusischen Buchproduktion erwarb und sich zugleich von den Lesegewohnheiten der Kartäuser anregen ließ, und indem er umgekehrt die Kartäuser durch seine eigenen Werke und die in ihnen verarbeitete Literatur anregte. Über seine gelegentlichen Aufenthalte in den Kartausen hinaus eröffneten sie ihm dadurch einen Gesprächsraum, der sich inspirierend auf sein eigenes Denken auswirkte.

18. Juni, Mainz, Johannes Gutenberg-Universität

DAS ST. NIKOLAUS-HOSPITAL IN KUES
KLOSTER – SPITAL – KONVENTSHAUS

Prof. Dr. Dethard von Winterfeld hält in Mainz (am 19.09. in Trier) den siebenten Vortrag innerhalb der Ausstellung »Horizonte«: »Das St. Nikolaus-Hospital in Kues. Kloster – Spital – Konventshaus.«

21. Juni, Gusenburg, Gemeindehaus

HAUPTAKZENTE ZU LEBEN, WERK UND LEITIDEEN DES NIKOLAUS VON KUES

Betrachtet man einerseits die wissenschaftliche Erforschung von Leben und Werk des Nikolaus von Kues, so ist ein kontinuierlich steigendes Interesse feststellbar. Andererseits zeigte eine auf dem Deutschen Katholikentag 1982 von dem Mainzer Fernsehjournalisten H. Schäfer durchgeführte Umfrage, daß dort Nikolaus von Kues kaum jemandem bekannt war. Und sogar 1990 muß H. Gestrich, der Vorsitzende der Cusanus-Gesellschaft, noch schmerzlich feststellen: »Fragt man einen gebildeten Menschen nach Nikolaus von Kues, so darf man normalerweise keine allzu genaue oder umfassende Antwort erwarten.« Selbst in der näheren Umgebung von Kues ist Cusanus noch relativ unbekannt. »Seine Größe und Bedeutung stehen in einem umgekehrten Verhältnis zu seinem Bekanntheitsgrad.« In seinem Geburtsort in Kues wird man auf sein Geburtshaus sowie auf das St. Nikolaus-Hospital hinweisen können; »doch eine Kenntnis seines Lebens oder seines Werkes ist nur bei ganz wenigen Menschen vorhanden.«

Mit seinem Vortrag in Gusenburg, das man noch zur »näheren Heimat« des Cusanus rechnen kann, versuchte Dr. Alfred Kaiser, wiss. Mitarbeiter am Cusanus-Institut in Trier, diesem Mangel entgegen zu wirken.

Die Abbildung von Cod. Cus. 220, fol. 113ʳ zeigt die erste Hälfte von De Deo abscondito. Nikolaus schrieb den gesamten Dialog um die Jahreswende 1444/45 eigenhändig auf fol. 113ʳ⁻ᵛ (nach heutiger Zählung) nieder.

TREFFEN DER EUROPÄISCHEN WEINHOSPITÄLER IN BERNKASTEL-KUES UND WÜRZBURG

22. bis 24. Juni, Bernkastel-Kues und Würzburg

Das vor einigen Jahren ins Leben gerufene Treffen der europäischen Weinhospitäler wurde im Jahr 2001 gemeinsam vom Juliusspital Würzburg und vom St. Nikolaus-Hospital Bernkastel-Kues ausgerichtet. Grund für die Ortswahl war die Tatsache, daß beide Hospitäler ein Jubiläum feierten, das Juliusspital den 425. Jahrestag seiner Gründung und das St. Nikolaus-Hospital die 600. Wiederkehr der Geburt seines Gründers.

In Bernkastel-Kues waren am 22. und 23. Juni zu Gast Vertreter folgender »Wein-Hospitäler«:

– des Juliusspitals Würzburg
– des Bürgerspitals zum Heiligen Geist, Würzburg
– der Spitalkellerei Konstanz
– der Stiftung Friedrich-Wilhelm-Gymnasium Trier
– der Vereinigten Hospitien Trier
– der Georg-Müller-Stiftung, Weingut der Stadt Eltville am Rhein
– des Weinguts Schloß Ortenberg
– des St. Josefs-Haus Weingut Marienheim
– der Stiftskellerei Freiburg
– der Congrégation des Soeurs de la Divine Providence de Ribeauville
– der Fondation de l'Hôpital Pourtalès, Neuf Châtel

Gastgeber war das St. Nikolaus-Hospital Bernkastel-Kues.

Am Freitagnachmittag, 22. Juni, trafen die Gäste in Kues ein. Sie wurden mit dem St. Nikolaus-Hospital bekanntgemacht. Höhepunkt des Abends war ein Festessen, gegeben vom St. Nikolaus-Hospital, wobei die Speisen von Weinen aller beteiligten Hospitäler begleitet wurden. Am Vormittag nach diesem Gala-Abend diskutierten die Vertreter der Hospitäler über ihre wirtschaftliche Lage und tauschten ihre weinpolitischen Ansichten aus.

Danach fuhren alle nach Würzburg, wo das Juliusspital vorgestellt wurde. Der Abend stand im Zeichen einer Präsentation der Weine des gastgebenden Hospitals. Am Sonntag besuchten die Teilnehmer die ausgedehnten Betriebe des Juliusspitals. Nach dem gemeinsamen Mittagessen konnten Interessierte die Stadt mit der Residenz besichtigen.

Führung durch das Juliusspital in Würzburg

Gemeinsame Fahrt über Weinberge des Juliusspitals

Das Treffen der Vertreter der europäischen Weinhospitäler gab dem Vorsitzenden der Cusanus-Gesellschaft die Gelegenheit, auf das Thema »Cusanus und der Wein« einzugehen. Helmut Gestrich bezog sich bei seinen Ausführungen auf einen Vortrag, der – im Zusammenhang – folgenden Wortlaut hat:

CUSANUS UND DER WEIN

Wir befinden uns in der Vinothek des Weinkulturellen Zentrums und damit auf dem Boden des St. Nikolaus-Hospitals, der großartigen Stiftung des Nikolaus von Kues, der in diesem Jahr 600 Jahre alt wird. Der große Philosoph und Kirchenmann hat – das kann man so sagen – eines der berühmten europäischen Weinhospitäler gegründet. Hospital, Heim für alte Mitbürger, diese Stiftung ist motiviert durch die christliche Nächstenliebe. Der Wein jedoch gehört von Anfang an ganz selbstverständlich zu dieser Stiftung. Das ist kein Zufall, das ist ganz bewußt so geschehen.

Das 1981 fertiggestellte Weinmuseum im ehemaligen Remisengebäude des St. Nikolaus-Hospitals. Als Teil des Weinkulturellen Zentrums soll es den Weg zeigen zur Erhaltung der zweitausendjährigen Weinkultur an der Mosel.

Der Wein ist nämlich kein Getränk wie jedes andere. Er ist im Christentum zusammen mit dem Brot zum Zeichen des Neuen Bundes zwischen Gott und den Menschen geworden. Priester und christliche Gemeinde brauchten den Wein, um das Opfer Christi zu feiern. Darum ist geschichtlich und geographisch der Weg des Christentums der gleiche wie der Weg des Weins: von Palästina über Kleinasien bis zu den anderen Anrainern des Mittelmeeres: Griechenland, Italien, Frankreich, Spanien, Nordafrika. Ich vertrete die These, daß Christentum und Wein zu uns an die Mosel nicht von Osten über den Rhein kamen, sondern vom Mittelmeer, die Rhône aufwärts. Es ist sicher kein Zufall, daß der älteste christliche Friedhof auf deutschem Boden südwestlich von Trier liegt, neben der alten Abtei St. Eucharius, später St. Matthias genannt.

Zurück zu unserem Cusanus-Hospital, auf dessen Boden wir heute zu Gast sind. Nikolaus von Kues, der Stifter, hat in die Stiftungsurkunde keine grundsätzlichen Ausführungen über den Weinbau und den Wein aufgenommen. Aus dem, was er geschrieben hat, geht aber hervor, wie selbstverständlich der Wein seinen Platz im Leben des Hospitals haben soll. Wenn in der Stiftungsurkunde geschrieben steht, daß alle Hospitalsbewohner beim gemeinsamen Mal in landesüblicher Weise bewirtet werden sollen, so gehörte selbstverständlich der Wein dazu. Er war Haupt- und Grundgetränk. Ich nehme an, daß die tägliche Weinration pro Heimbewohner, so wie das in anderen Hospitälern der Fall war, auch hier bei 2 Litern gelegen hat.

Ich kann es nicht exakt belegen, aber es ist sehr wahrscheinlich. Denn es gab sonst kein geeignetes Getränk, um den täglichen Bedarf zu stillen, wenn man bedenkt, daß Wasser nicht die Reinheit aufwies, die es heute hat, wenn es aus unseren Leitungen fließt. Welche Bedeutung der Wein im Leben der Bewohner hatte, zeigt sich an einer scheinbar nebensächlichen Bestimmung der Stiftungsurkunde: Diese bestimmte, wie schon gesagt, daß man die Mahlzeiten gemeinsam und in landesüblicher Form einnehmen sollte. Da gab es eine Schwierigkeit: was sollten die Bewohner tun, die sich durch ein Gelübde zu strengem Fasten verpflichtet hatten? Die ganz typische Antwort der Stiftungsurkunde lautet, sie sollten sich mit Wein und Brot begnügen. Also gehörte der Wein selbst bei strengstem Fasten zur täglichen Speise dazu.

Jetzt könnte man auf den Gedanken kommen, der Wein sei so schlecht gewesen, daß sein Verzehr in die Nähe einer Bußübung herangereicht hätte, so wie man es von einem Wein in Schlesien erzählt, der in einem Kloster an- und ausgebaut wurde. Als Friedrich der Große bei einem Besuch diesen Wein vorgesetzt bekam und sich schüttelte, soll der Abt dazu bemerkt haben: »Majestät, diesen Wein trinken wir ja nur zur Leidenszeit unseres Herrn.« So war es mit den Hospitalsweinen aus den hervorragenden Lagen der Mittelmosel natürlich nicht bestellt. Man kann das in den interessanten Visitationsprotokollen des Hospitals nachlesen.

Meist war man nicht nur den Bewohnern und Amtspersonen gegenüber im Anbieten von Wein sehr großzügig; vielmehr wurden auch die Besucher, die nicht in amtlichen Eigenschaften kamen, oft im Übermaß bewirtet, so daß ein Visitationsprotokoll von 1692 lapidar feststellte: »Wenn die einkehrenden Fremden etwas sparsamer bewirtet und ihnen ein etwas geringerer Wein vorgestellt würde, kämen sie vielleicht seltener.«

Der Wein wurde und wird in allen Jahrhunderten als köstliche Gottesgabe gepriesen. Doch hat er – wie jedes Ding im irdischen Leben – auch eine andere Seite. Bei maßlosem Genuß wird er zum Übel.

Daß in einem Hospital mit Wein als wesentlichem Bestandteil des täglichen Lebens zuweilen auch das Übermaß vorkam, davon zeugt ein Erlaß des Erzbischofs und Kurfürsten Jakob von Eltz vom 7. Oktober 1753: Er hatte erfahren – bezüglich der Laienbrüder – »welchermaßen etliche Mutwillige aus dem Hospital in die Wirtshäuser zu gehen in Gebrauch haben und durch übermäßig Wein trinken sich selbst in ihrer Vernunft dermaßen entäußern, daß sie sich nicht allein allem gebührlichen Gehorsam, so wie dem Rektor zu zeigen schuldig, freventlich enthalten, sondern auch andere friedliebende Brüder im Haus zu beleidigen unterstehen, dergestalt, daß sie ihres Lebens vor denselben nicht sicher sind.«

Der Erzbischof und Kurfürst mahnt deshalb allen Ernstes, »daß ihr Euch des Auslaufens und übermäßigen Weintrinkens enthaltet«, und er droht mit Einsperrung durch den Amtmann von Bernkastel und »allenfallsiger Landesverweisung«, wenn etwa der Rektor nochmals klagen sollte.

Das war also die Kehrseite des Weingenusses. Für das Hospital spricht dabei, daß der übermäßige Weingenuß nicht im Hospital selbst geschah, sondern in den Wirtshäusern. Jedenfalls stand der Weingenuß im Hospital in so hohen Ehren im täglichen Leben, daß ein Visitationsprotokoll des Jahres 1692 für solche Laienbrüder, die beim täglichen Chorgebet fehlten, als Strafe die Entziehung des Weins festgesetzt hat.

Wir haben bisher über die Bedeutung des Weins im Leben des von Cusanus gestifteten Hospitals gesprochen. Ebenso interessant dürfte es sein, die innere Einstellung des Stifters zum Wein zu beleuchten. Nikolaus von Kues, der in seiner Philosophie und Theologie den Dingen auf den Grund ging, kannte den scheinbaren Widerspruch zwischen dem – sagen wir es bewußt so – »göttlichen Getränk des Meßopfers«, dem des täglichen Lebens und dem Genußmittel. Ich habe bewußt vom scheinbaren Widerspruch gesprochen. Bei Nikolaus löst sich nämlich der Widerspruch auf, der insbesondere beim großen Kirchenvater Augustinus zu spüren ist.

Dieser war der Meinung, daß man alles Weltliche, und darunter zählte er vor allem Essen, Trinken, die Leiblichkeit, nur zu gebrauchen, also nur zu nutzen, nicht aber zu genießen habe; nur Gott dürfe man genießen.

Nikolaus von Kues ist ganz anderer Auffassung, wie aus dem folgenden Zitat über Wein und Weingenuß hervorgeht. In einer Predigt am Dreifaltigkeitssonntag 1431 in Koblenz sagte er: »Gott wird irgendwie wie Wein erkannt: durch Hören, durch Sehen und durch Schmecken.«

Der Weinkenner von der Mosel wußte, wovon er sprach: vom Gluckern des Weins in den Becher, von der sonnengleichen Farbe des Weins und schließlich vom Verkosten auf der Zunge. Und dann füllte er den Vergleich von Weinverkostung und Gotteserkenntnis aus, indem er sagt: »Ihr hört, von ihm – nämlich von Gott – durch den Prediger, durch Sehen lesen von ihm die Theologen, durch Verkosten erfahren ihn gute Menschen in der Liebe.« Welch wunderbares Bild: Gotteserkenntnis ist mehr als rein theoretisches Vernehmen, es ist ein Verkosten und dazu ist nur fähig der gute, der liebende Mensch. Wir dürfen im Umkehrschluß annehmen, daß das volle Verkosten eines herrlichen Weines einen guten, einen liebenden Menschen voraussetzt.

Vor diesem Hintergrund gewinnt ein volkstümlicher Spruch, der Theodor Heuss zugeschrieben wird, eine tiefergehende Bedeutung. Heuss soll gesagt haben: »Wer Wein säuft, sündigt – wer Wein trinkt, betet – oremus!«

Ich gehe noch einen Schritt weiter: Für Cusanus ist Gott der Größte, er ist das Sein und die Gleichheit. Durch die Schöpfung entfaltet er sich, so daß die Schöpfung ein Teil des Göttlichen wird. Das gilt nicht nur für den Menschen, der nach seinem Bild als deus secundus geschaffen worden ist, es gilt ebenfalls für das Tier, für die Pflanze und die unbelebte Materie. Die ganze Schöpfung ist explicatio dei – Ausfaltung Gottes!

Die Welt, deren Grund Gott ist, ist direkt gewollt und somit gut. Die Schöpfung trägt den Adel der Unendlichkeit, so wie in jeder endlichen mathematischen Figur die unendliche Gerade als Urgrund enthalten ist. Der große Denker von der Mosel bietet uns ein Weltbild an, das ganzheitlich ist, das keinen Unterschied macht zwischen »Gebrauchen« als der minderen Form des Lebens und »Genießen« als der höheren, die aber nur in der Verehrung Gottes gerechtfertigt ist. Wir können nach Cusanus Ja sagen zur Schöpfung auch in den materiellen Teilen, so auch zum Wein, der unverzichtbarer Teil der Gesamtschöpfung ist und über Herkunft und Ziel am Göttlichen teilhat.

Wir alle wußten auch schon vor der philosophisch-theologischen Begründung der Köstlichkeit des Weingenusses, daß dieser eine gute Sache ist. Es schadet aber gar nichts, wenn wir erfahren, wie ein großer Denker unsere Freude am Wein in sein Weltbild hineinnimmt und unseren Genuß als eine ganz natürliche Regung unseres Lebens in der Gesamtschöpfung empfindet!

Die Abbildung zeigt eine Auswahl aus dem Weinangebot des St. Nikolaus-Hospitals.

GELEBTE PHILOSOPHIE

25. Juni, Mainz, Johannes Gutenberg-Universität

Prof. Dr. Mechthild Dreyer beschließt die Ringvorlesung am (26.09. in Trier) mit einem Vortrag über »Gelebte Philosophie«. Ihr Ergebnis:

Der Vortrag ging der Frage nach, wie Nicolaus Cusanus das Verhältnis von Philosophie und Leben bestimmt. Zunächst wurden ausgewählte Positionen der antiken und mittelalterlichen Philosophie zu diesem Thema vorgestellt, die Cusanus beeinflußt haben oder in inhaltlicher Nähe zu seiner Deutung stehen. Vor diesem Hintergrund wurde sodann auf der Grundlage ausgewählter Texte seine eigene Verhältnisbestimmung rekonstruiert: So ist einerseits das Nachdenken über die Wahrheit bzw. letztlich über Gott die ausgezeichnete Lebensform des Menschen, andererseits ist die rechte Lebenshaltung (das rechte Gottes- und Weltverhältnis) Voraussetzung und Begleiterscheinung jedes gelingenden Nachdenkens über das Ganze von Welt und Dasein. Einen besonderen Akzent erhält diese Wechselbeziehung dadurch, daß der erkennende und nach Weisheit suchende Mensch in einer affektiven, ja lebenselementaren Beziehung zu dem von ihm Gesuchten steht.

Bischöfl. Dom- und Diözesanmuseum. Die Eröffnung der Ausstellung »Horizonte« sowie alle Vorlesungen im Rahmen der Ringvorlesung an der Johannes Gutenberg-Universität in Mainz fanden auch im Dom- und Diözesanmuseum in Trier statt.

27. Juni, Trier, Welschnonnenkirche

»NIKOLAUS VON KUES LEBEN UND WERK. MITTELALTERLICHE MUSIK«

TRIER WELSCHNONNENKIRCHE

NIKOLAUS VON KUES

Leben und Werk

Mittelalterliche Musik

Mittwoch, 27. Juni 2001
20.00 Uhr

Prof. Dr. Klaus Reinhardt, Trier
Ensemble „Duchesse de Bourgogne", Trier

Kostenbeitrag zur Erhaltung der Kirche und zur Restaurierung der Orgel
12 DM; ermäßigt 8 DM

www.trierer-orgelpunkt.de

Der Förderverein Welschnonnenkirche Trier e. V. widmete die Veranstaltung am 27. Juni 2001 dem Andenken an Nikolaus von Kues. Dabei hielt Prof. Klaus Reinhardt (Cusanus-Institut Trier) einen Vortrag über Leben und Werk des Cusanus. Ausgehend von der Tatsache, daß diese Abendveranstaltung durch die Verbindung von Wort und Musik geprägt war, führte der Referent im ersten Teil seines Vortrages in das cusanische Verständnis der Musik ein, das in dem Brief an den Novizen Nikolaus Albergati, gleichsam dem geistlichen Testament des Cusanus, in dem Satz gipfelt: »Halte fest und glaube daran, daß du ein lebendiger Hymnus bist und ein Gefäß, zum Lobe Gottes geschaffen, und mach, daß du eine geistige Zither wirst, die in sich selbst das Gotteslob singt.« Dementsprechend stellte der Referent im zweiten Teil seines Vortrages das Wirken des Cusanus dar als ein beständiges Streben nach Konkordanz, Harmonie und Koinzidenz der Gegensätze.

Die Mitglieder des Trierer Ensembles »Duchesse de Bourgogne« trugen Lieder und Instrumentalstücke von Guillaume de Machaut, Guillaume Dufay und Josquin des près sowie von anderen Komponisten des 14. und 15. Jahrhunderts vor.

Guillaume de Machaut (um 1300 - 1377)
Virelais "Plus dure que un dyamant"

Solage (Ende 14.Jhdt.)
Virelais "Tres gentil cuer"
Rondeaux "L'ami de ma dame"

Gilles Binchois (um 1400 - 1460)
"Triste plaisir"

Guillaume Dufay (um 1400 - 1474)
Ballade "La belle se siet"
"Quel fronte signorille in paradiso"

Vortrag
Leben und Werk des Nikolaus von Kues (Teil I)
Prof. Dr. Klaus Reinhardt

Oxford Manuskript, 15.Jhdt
Rondeau "Quant la doulce jouvencelle"

Joanambrosio Dalza (1508)
„Tastar de corde"

Vincenzo Capirola (1474-1548)
„Recercar"

Arnolt Schlick (1512)
„Maria zart"

Vortrag
Leben und Werk des Nikolaus von Kues (Teil II)
Prof. Dr. Klaus Reinhardt

Guillaume Dufay
Rondeau "Adieu ces bons vins"

Hayne van Ghizeghem (ca.1445 - vor 1495)
Rondeau "De tous biens plaine"

Roellkin (Segovia Codex ca.1500)
"De tous biens plaine"

Josquin des près (ca. 1440 - 1521)
"Adieu mes amours"

Glogauer Liederbuch (um 1450)
"Ich sachs eins mals den lichten Morgensterne"

PRÄLAT PROF. DR. KLAUS REINHARDT
Geboren in Haslach im Kinzigtal (Baden); 1953-1957 Studium der Theologie in Freiburg i.Br. und München. 1958-1960 Kaplan in Säckingen, Offenburg und Karlsruhe; 1963 Promotion zum Doktor der Theologie durch die Theologische Fakultät der Universität Freiburg i.Br.; 1963-1969 Wissenschaftlicher Assistent am Lehrstuhl für Dogmatik Freiburg; 1968 Habilitation. Seit 1969 ordentlicher Professor für Dogmatik und Dogmengeschichte an der Theologischen Fakultät Trier; seit 1993 Kodirektor des Instituts für Cusanus-Forschung und Leiter der Trierer Cusanus-Arbeitsstelle der Heidelberger Akademie der Wissenschaften. 1984 Ernennung zum Monsignore, 1995 zum Päpstlichen Ehrenprälaten; 1998 Ernennung zum Ehrenmitglied (acadêmico de mérito) der Portugiesischen Akademie der Geschichte, Lissabon.

ENSEMBLE „DUCHESSE DE BOURGOGNE"-TRIER
Bei der Beschäftigung mit alter Musik liegt der Schwerpunkt des Ensembles auf der Interpretation franco-flämischer Chansons aus dem 15. Jahrhundert. Vokal- und Instrumentalmusik des 14. Jahrhunderts sowie deutsche und englische Lieder des 15. und 16. Jahrhunderts ergänzen dieses Repertoire. Eine dreistimmige vokale Besetzung oder die sparsame Instrumentierung mit Laute oder Flöte vermitteln ein durchsichtiges Klangbild, in dem sich die einzelnen Stimmen innerhalb des polyphonen Satzes entfalten können.

»LICHTUNGEN«

8. Juli bis 31. August, Bernkastel-Kues, Akademie

Der Künstler *Franziskus Wendels* eröffnet durch Frau Dr. Bärbel Schulte in der Akademie Kues eine Ausstellung mit dem Titel »Lichtungen«. Gemäß den Ausführungen von Frau Dr. Schulte ist dies ein sehr gut gewählter Titel. Denn er trifft auf mehreren Ebenen zu und spielt zugleich sprachlich mit einem der wichtigsten Sujets in Wendels Werk, dem Licht. So wie Lichtungen im Wald uns einen Moment lang festhalten, zum Ausruhen, ja zum Innehalten einladen, so vermitteln Wendels Momentaufnahmen aus dem Gewimmel der Großstadt einen kurzen Augenblick der Ruhe. In der Behandlung des Sujets Licht steht Wendels in einer langen Tradition. Kein Geringerer als Nikolaus Cusanus äußerte zum ersten Mal die Idee, daß Licht nicht nur die Farbe der Gegenstände zeigt. Das Licht schafft die Farben vielmehr: Omne esse coloris datur per lucem descendentem (Jedes Sein der Farbe wird durch das herabsteigende Licht geschenkt). Nur scheinbar widersprechen Wendels Arbeiten dieser Theorie, wenn sie trotz des Lichts, trotz der erhellten Fenster, fast farblos wirken. Erst bei näherer Betrachtung wird deutlich, daß das verwaschene Graublau oder Graugrün des Hintergrunds sich in Wirklichkeit aus vielen Farbpartikeln zusammensetzt.

Biographie:
1960 in Daun/Eifel geboren
1982 nach dem Abitur Bäckerlehre und Zivildienst, Studium der Bildenden Kunst und Kath. Theologie
1986/87 Studium an der Ecole des Beaux Arts in Montpellier bei D. Gauthier
1989 Examen in kath. Theologie
1990 Examen in Bildender Kunst bei Prof. D. Brembs
1990/96 Studium der Philosophie u. Kunstgeschichte an der FU Berlin, Mag. Artium
1999/00 Dozent an der Fachhochschule für Gestaltung in Wiesbaden
2000 Dozent an der Universität Mainz, Fachbereich Bildende Kunst
lebt und arbeitet in Köln und Daun Einzelausstellungen, Ausstellungsbeteiligungen und Auszeichnungen (Auswahl):
1984 Salzburgstipendium der Stadt Mainz, Studium bei Wolf Vostell
1987/88 Lincoln Stipendium des Landes Rheinland-Pfalz
1990 Emmy-Roeder-Preis (1. Preis)
1991 Arbeitsstipendium des Berliner Senats
1992 Stipendium "European Artist in Residence", Ulster Museum Belfast
1995 Scharpf-Galerie, Wilhelm Hack Museum, Ludwigshafen
1996 Galerie Eva Poll, Berlin
1997 Museum der Stadt Siegburg
1998 Goethe-Institut Damaskus
1998/99 Stipendium des Internationalen Künstlerhauses Villa Concordia, Bamberg
1999 Galerie für Zeitkunst, Bamberg
2000 1. Kunstpreis des Lotto-Toto Verbandes Rheinland-Pfalz
2000 Städtische Galerie Mennonitenkirche, Neuwied
2000 Galerie Eva Poll, Berlin

Ausstellungsdauer: 08.07 - 31.08.2001
Öffnungszeiten: Mo.-Fr. 9.00-12.00 Uhr und 14.00-17.00 Uhr und nach Vereinbarung

Franziskus Wendels

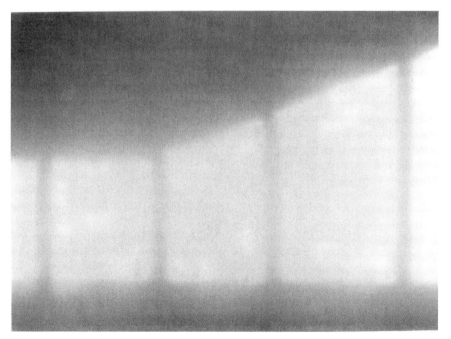

Prophezeiung I (1998)
150 x 200 cm
Acryl, Bitumen, Lack auf Leinwand

11. August, Bernkastel-Kues, Akademie Kues

»DAS TOR ZUR FREUDE«
Stefan Kritten liest in der Akademie Kues aus dem Roman von Johannes Kirschweng (1941): »Das Tor zur Freude«

11. August, Trier, Hohe Domkirche

PONTIFIKALAMT ZUM TODESTAG DES NIKOLAUS VON KUES
(11. August 1464)

In der Hohen Domkirche zu Trier hält Alt-Bischof Dr. Hermann Josef Spital anläßlich des 538. Todestages von Kardinal Nikolaus Cusanus († 11. August 1464) ein Pontifikalamt. Domorganist Josef Still und Domchor unter der Leitung von Domkapellmeister Stephan Rommelspacher übernehmen den musikalisch-gesanglichen Part. In seiner Predigt führt Alt-Bischof Spital aus:

Liebe Schwestern und Brüder.

Alle drei Lesungen reden von unserer Erlösung. Die alttestamentliche Lesung spricht von einem Ritus, welchen Gott dem Mose aufdrängt und der bedeutet: Es gibt für Israel eine Versöhnung; Gott eröffnet diese Versöhnungsmöglichkeit und ordnet den Ritus dazu an. Daß er das tut, ist zugleich eine Verheißung.

Die Lesung aus dem Hebräerbrief greift auf den alttestamentlichen Ritus zurück und sieht ihn durch das Christusgeschehen in seinem Verheißungscharakter zugleich erfüllt und überboten.

Das Evangelium schließlich kommt auf das Entscheidende zu sprechen: Christus sagt zu den Juden: »Wenn ihr den Menschensohn erhöht habt, dann werdet ihr erkennen, daß Ich es bin.« Damit ist die zentrale Rolle des Kreuzgeschehens aufgezeigt. Am Kreuz bewirkt Christus die endgültige Rettung der Menschen aus ihrer Sündverfallenheit.

Zu denen, die auf sein Wort hin an ihn zu glauben bereit waren, sagt er dann: »Wenn ihr in meinem Wort bleibt, seid ihr wirklich meine Jünger. Dann werdet ihr die Wahrheit erkennen, und die Wahrheit wird euch frei machen.«

Alles hängt an unserer Reaktion in der Begegnung mit der Person Jesu Christi. Nehmen wir ihn an in seiner Sendung von Gott her, oder lehnen wir ihn ab. Das ist die Frage. Man könnte sie formulieren: »Wer bist Du, Christus, und was soll ich Dir tun?«

Es ist eine Frage, die unser Herz beantworten muß. Der bloße Verstand hilft da nicht allzuviel. Denn es geht darum, daß wir das Handeln Gottes in der Geschichte des Volkes Israel und besonders dann in der Sendung Jesu von Nazareth erwägen. Der Kardinal Nikolaus von Kues, zu dessen Gedächtnis wir uns hier versammelt haben, hält den Todesschrei Christi am Kreuz für die äußerste und überzeugendste Offenbarung der Liebe Gottes. Weil Christus mit diesem Schrei bis an die Grenze gegangen ist, müssen wir uns entscheiden. Denn weiter konnte er in seiner Existenz zugunsten der Erlösung nicht gehen.

Ebenso weit ist der Vater gegangen. Paulus schreibt im Römerbrief: »Wenn Gott seinen Sohn nicht geschont, sondern ihn für uns hingegeben hat, – wie sollte er uns mit ihm nicht alles schenken?« (Röm 8,32). Angesichts dieses »Gehens bis an die äußerste Grenze«, sowohl seitens Christi als auch seitens des Vaters, können wir uns nicht mehr vor einer Entscheidung drücken: Der Todesschrei Christi erzwingt eine Antwort.

Nikolaus von Kues sagt in einer Predigt zum Palmsonntag 1454: »Die Frucht des Todes Christi ist die Befreiung; denn wir sind befreit von dem Zweifel, ob der Geist Christi der

Geist des Irrtums oder der Geist der Wahrheit ist.« Weil aber der Zweifel im Herzen aufsteigt und dort seinen Ort hat, müssen wir das Tun Christi im Herzen erwägen und von dort aus beantworten.

Der Tod Christi also ist unseres Bedenkens und unseres Erwägens wert. Nikolaus von Kues geht darum noch weiter und äußert einen Gedanken, der bis dahin und auch seither nicht gedacht worden ist und der erst in heutiger Theologie wieder zur Sprache kommt. Ich meine die Bestimmung darauf, was der »Hinabstieg zu den Toten«, den wir im Credo bekennen, eigentlich bedeutet.

Dazu ist zunächst zu bedenken, daß Christus der zweite Adam ist. Das bedeutet nach einer Aussage des Nikolaus, die ich hier zitiere: »Das Menschsein in Christus Jesus hat die gesamten Mängel aller Menschen behoben. Denn da es das höchste Menschsein ist, umfaßt es die gesamte Möglichkeit der Art (der Menschen), so daß es eine solche Seinsgleichheit für einen jeden Menschen ist, daß er viel umfassender als ein Bruder oder der engste Freund mit jedem verbunden ist. Kraft dieser Einigung ist wahr, was er selbst sagt: »Was ihr für einen meiner geringsten Brüder getan habt, habt ihr mir getan« (Mt 25,40); und umgekehrt, was Christus Jesus durch sein Leiden an Verdiensten erwarb, haben jene erworben, die eins mit ihm sind.«

Und damit komme ich zu der angekündigten Aussage, die in der Predigt vom Passionssonntag 1457 enthalten ist. Cusanus sagt: »Da nun der Tod Christi ein vollkommener war, weil er durch eigene Erfahrung den Tod sah, den zu dulden er frei gewählt hatte, so stieg die Seele Christi in die Unterwelt ab, wo die Anschauung des Todes ist. Die untere oder tiefere Unterwelt ist da, wo man den Tod anschaut. Als Gott Christus auferweckte, entriß er ihn aus der unteren Unterwelt (ich füge erläuternd hinzu: der Ort, den wir die Hölle nennen), nachdem er ihn von den Qualen der Unterwelt befreit hat. Das Leiden Christi, das größte, das sich denken läßt, war wie das der Verdammten, das heißt, es ging bis zur Höllenstrafe. Er allein ist es, der durch einen solchen Tod in seine Herrlichkeit einging. Die Strafe wollte er ähnlich den Verdammten in der Hölle dulden zur Verherrlichung seines Vaters, um zu zeigen, man müsse ihm bis zur äußersten Qual gehorchen. Das heißt, Gott auf jede mögliche Weise und zu unserer Rechtfertigung preisen und verherrlichen, wie es Christus getan hat.«

Wir sprechen über das Geheimnis des Karsamstags, wo Christus tot, d. h. keiner Aktivität mehr fähig war; er hat sich darin solidarisiert mit uns todverfallenen Menschen eben bis zur Annahme dieser Todespassivität hin, in der er die äußerste Not, die es gibt, nämlich das Anschauen der letzten und unausweichlichen ewigen Sinnlosigkeit, wie es das Sein in der Hölle ausmacht, auf sich genommen hat; dieser Qual hat ihn dann der Vater am Ostermorgen entrissen.

Bemerkenswert an der Sicht des Kardinals ist der Umstand, daß das Erlösungsgeschehen nicht unter dem Bild des Abzahlens einer Schuld, sondern in der Form äußerster Solidarisierung gesehen wird. Das kommt unserem heutigen theologischen Verständnis erheblich näher.

Und damit komme ich zum Schluß dieser Predigt, deren Thema unsere Erlösung ist. Christus hat sie uns – wie gesagt – durch die äußerste Solidarisierung mit unserem selbstverschuldeten Sündenschicksal erworben. Wir können uns auf ihn verlassen, wir können uns ihm anheim geben, unser Bleiben in ihm ist unsere Rettung, ist unsere Entscheidung.

Lassen Sie es mich noch einmal dadurch ganz konkret sagen, daß ich einen Ihnen allen bekannten Text von seiner ursprünglichen Aussage in die Gebetsform bringe. Ich bete ihn oft so, weil ich dann darin mein Gebet aufgehoben weiß:

»Durch Dich Christus, und mit Dir Christus, und in Dir Christus ist Gott, Deinem allmächtigen Vater in der Einheit des Heiligen Geistes alle Herrlichkeit und Ehre, jetzt und in Ewigkeit.« Und dann füge ich hinzu: »Nimm mein Gebet in das Deine auf.«

Schwestern und Brüder, wir können und dürfen so beten, eben weil wir Glieder am geheimnisvollen Leib Christi sind, und er sich ganz und gar mit uns solidarisiert. Von dieser Glaubensgewißheit sollten wir uns entlasten lassen, damit wir immer mehr fähig werden, uns gläubig anzuvertrauen. Amen.

24. August, Bernkastel-Kues, Akademie Kues

WORKSHOP KALLIGRAPHIE
Kalligraphie des Mittelalters und der Neuzeit.
Einübung von alten und neuen Stilen und Techniken schöner Schrift
mit Pfarrer Klaus Höffler-Preißmann, Mainz

28. August, Daun, Observatorium Hoher List der Universitätssternwarte Bonn

NIKOLAUS VON KUES UND DIE MODERNE ASTROPHYSIK

Die Cusanus-Gesellschaft unternimmt eine Exkursion zur Sternwarte der Universität Bonn auf dem Hohen List bei Daun.
Prof. Dr. Wilhelm Seggewiß, Direktor des Observatoriums Hoher List, schreibt zu senem Vortrag: »NvK und die moderne Astrophysik«:

Auf der Suche nach der Wahrheit über Gott und das Weltall gelangte Nikolaus von Kues zu Aussagen, die mit Erkenntnissen der neueren Astrophysik in Gleichklang stehen: Wir erfahren von der Unbegrenztheit des Universums; es kennt weder Mittelpunkt noch Rand; in ihm ist alles in ständiger Bewegung.

Bei der Exkursion zur Sternwarte der Universität Bonn, dem Observatorium Hoher List bei Daun in der Eifel, wurden die Gedanken des Cusanus mit der Arbeit und den Ergebnissen der Forschung auf dem Gebiete der Kosmologie konfrontiert.

Mittels moderner Großteleskope und elektronen-optischer Empfänger werden Bilder spektakulärer Himmelsobjekte aus den Tiefen des Weltalls gewonnen und zur Auslotung des Raumes und zur Bestimmung der Expansion des Weltalls genutzt. Modelle unseres homogenen und isotropen Weltalls, das endlich aber unbegrenzt ist, werden auf der Grundlage der Allgemeinen Relativitätstheorie Albert Einsteins erarbeitet. Sie liefern eine Gesamtentwicklung, die einen Anfang in einer Art großer Explosion, dem Urknall, vor etwa 14 Milliarden Jahren hat und die nach neuesten Forschungen am anderen Ende des Zeitpfeils in eine nie versiegende Expansion des Weltalls auslaufen wird.

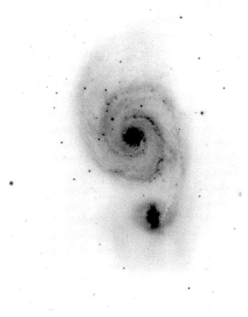

Bild 1 und 2: Spiralgalaxie Messier 51 im Sternbild Jagdhunde

Aufn. M. Altmann, 1–Meter-Teleskop des Observatoriums Hoher List der Universitätssternwarte Bonn, Daun/Eifel

ERÖFFNUNG DER ÖKUMENISCHEN PREDIGTREIHE »QUELLEN DER ERNEUERUNG«

1. September, Koblenz, Liebfrauenkirche und Florinskirche

In Koblenz findet »ein Gottesdienst in zwei Kirchen« statt, verbunden mit einem ökumenischen Gang von der Liebfrauenkirche über den Münzplatz zur Florinskirche, den beiden Wirkungsstätten des Cusanus in Koblenz (s. oben, S. 16: »Den Koblenzer Cusanus entdecken«). Der Festgottesdienst bildet gleichzeitig den Eröffnungsgottesdienst der ökumenischen Predigtreihe »Quellen der Erneuerung«. Die Predigten halten Praeses Manfred Kock von der Rheinischen Landeskirche und Alt-Bischof Dr. Hermann Josef Spital.

Im Anschluß an den Gottesdienst eröffnet der Oberbürgermeister der Stadt Koblenz, Dr. Eberhard Schulte-Wissermann, in der Florinskirche die Ausstellung »Nikolaus von Kues 1401–1464. Leben und Werk im Bild«.

Die Florinskirche, Stiftskirche zu Cusanus' Zeiten

Liebfrauenkirche, die »Volkskirche« zu Cusanus' Zeiten

6. September, Koblenz, Florinskirche

IST NIKOLAUS VON KUES EIN VORREFORMATOR? EINE PROTESTANTISCHE PERSPEKTIVE

Spottbild des Johannes Kymeus († 1552). Der Papst führt den Kardinal am Gängelband des roten Hutes in Richtung auf die Deutschen

An diesem Tag – es ist der Tag der Ernennung des Nikolaus von Kues zum Dekan am Stift St. Florin zu Koblenz 1427 – spricht Prof. Dr. Karl Hermann Kandler in St. Florin über »Ist Nikolaus von Kues ein Vorreformator? Eine reformatorische Perspektive«. Seine Antwort lautet:

Die Frage ist nicht eindeutig zu beantworten. Seine kirchliche und kirchenpolitische Tätigkeit entsprach dem Denken seiner Zeit. Er hat den Jubiläumsablaß 1451 in Deutschland verkündet, eine Vettern- und Pfründenwirtschaft getrieben, die selbst seinen Zeitgenossen auffiel, und die Heilige Schrift vor allem allegorisch ausgelegt. Sein Denken sprengt das zu seiner Zeit Übliche. Seine Theologie, wohl philosophisch reflektiert, jedoch christologisch ausgerichtet, entsprach nicht scholastischem Denken. Untypisch für das Mittelalter hat er die Rechtfertigung durch einen, freilich durch die Liebe geformten, Glauben gelehrt. Als Bischof hat er häufig gepredigt und intensiv über die Reform der Kirche nachgedacht.

Manche Reformatoren haben ihn als »Zeugen der Wahrheit« angesehen.

8. September Koblenz, Liebfrauenkirche

»QUELLEN DER ERNEUERUNG« DIE TAUFE

Innerhalb der Predigtreihe »Quellen der Erneuerung« sprechen Pfarrer Helmut Kuschel u. Pfarrerin Elisabeth Schell über »Die Taufe«.

29. September Koblenz, Liebfrauenkirche

»QUELLEN DER ERNEUERUNG« ERFAHRUNG VON GEMEINSCHAFT

Den Abschluß der Koblenzer Predigtreihe bildet Regionaldekan Peter Bleeser mit seiner Predigt über »Erfahrung von Gemeinschaft«.

AUSSTELLUNG HORST JANSSEN
RADIERZYKLUS: »HANNOS TOD«

9. September bis 4. November, Bernkastel-Kues, Akademie Kues

9. September: Vernissage zur Ausstellung des Graphikzyklus »Hannos Tod« von Horst Janssen in der Akademie Kues. Frau Theresa Spieß berichtet dazu:

Der 1919 in Hamburg geborene geniale Zeichner, Graphiker und Schriftsteller Horst Janssen gilt als einer der produktivsten und unkonventionellsten deutschen Künstler der Gegenwart. Handwerkliche Perfektion und nie versiegende Originalität dienten stets der analytisch scharfen, kritisch-distanziert gesehenen Wirklichkeit. Nicht selten gelang es Janssen daher, im Sichtbaren das Unsichtbare ins Bild zu setzen. Janssen hinterließ ein umfangreiches Œuvre. Er starb 1995.

Die Akademie Kues zeigte im Cusanusjahr seinen Graphikzyklus »Hannos Tod«. Mit dieser Ausstellung setzten wir in unserer Galerie einen absoluten Höhepunkt und erreichten eine Vielzahl an Besuchern aus ganz Deutschland.

*Sehr geehrte Damen und Herren,
liebe Freunde der Akademie Kues,*

*wir möchten Sie sehr herzlich einladen
zur Eröffnung der Ausstellung*

*Horst Janssen
" Hannos Tod "*

*am Sonntag, 09. September 2001
um 11.00 Uhr*

*Über Ihre Teilnahme würden wir
uns sehr freuen.*

Ihre Akademie Kues

Biographie Horst Janssen:

1929	am 14. November in Hamburg geboren
1930-1941	aufgewachsen in Oldenburg
1946-1951	Studium an der Landeskunstschule Hamburg bei Alfred Mahlau in der Klasse für freie und angewandte Graphik
1952	Lichtwark-Stipendium, Hamburg
1964	Kunstpreis der Stadt Darmstadt
1965	Edwin-Scharff-Preis der Freien und Hansestadt Hamburg
1968	Erster Preis für Graphik der Biennale di Venezia
1975	Schiller-Preis der Stadt Mannheim
1978	Biermann-Rathjen-Medaille der Freien und Hansestadt Hamburg
1993	Ehrenbürger der Stadt Oldenburg
1995	am 31. August in Hamburg gestorben

Die Bilder zu dieser Ausstellung wurden uns dankenswerterweise aus einer privaten Sammlung zur Verfügung gestellt.

Horst Janssen

Ausstellungsdauer: 10.09 - 04.11.2001
Öffnungszeiten: Mo.-Fr. 9.00-12.00 Uhr
und 14.00-17.00 Uhr
sowie nach Vereinbarung

**15. September
Koblenz,
Liebfrauen-
kirche**

»QUELLEN DER ERNEUERUNG«
EUCHARISTIE – ABENDMAHL

In der Koblenzer Predigtreihe »Quellen der Erneuerung« sprechen Schul-Pfarrer Thomas Darscheid und Pfarrer Markus Dröge von der Evangelischen Kirchengemeinde Koblenz-Mitte über: »Eucharistie – Abendmahl«. Unter dem Thema »Gott, Engel, Welt und Mensch« steht am Abend dieses Tages ein Konzert mit Musik aus der Zeit des Cusanus.

**22. September
Koblenz,
Liebfrauen-
kirche**

»QUELLEN DER ERNEUERUNG«
GEBET UND SPIRITUALITÄT

Domkapitular Hermann Engel und Pfarrer Christoph Funke halten die vierte Predigt über Quellen der Erneuerung: »Gebet und Spiritualität«.

CUSANUS UND SEINE AUSEINANDERSETZUNG MIT DEM ISLAM

27. September, Koblenz, Bischöfliches Cusanus-Gymnasium

Im Bischöflichen Cusanus-Gymnasium Koblenz referiert Prof. Dr. Karl-Josef Kuschel zu dem Thema »Das Christentum und der Islam. Nikolaus von Kues – Vaticanum II und die Folgen«.

Im Kontext eines heute neu erwachten Interesses an einer konstruktiven christlichen Theologie des Islam kommt dem religionstheologischen Werk des Cusanus eine wichtige Funktion zu. Als Figur auf der Epochenschwelle zwischen Mittelalter und Neuzeit weist Nikolaus' Auseinandersetzung mit dem Islam zum einen zurück ins Mittelalter und dessen kritisch-polemischer Dämonisierung des Islam, zum anderen aber voraus in die Neuzeit und deren Ideal einer friedlichen Koexistenz und respektvollen Toleranz zwischen den Religionen. Der Islam ist hier ein besonders anschaulicher Testfall. In der unter dem Eindruck der Eroberung von Konstantinopel entstandenen Schrift »De pace fidei« (1453) wird ein relativ irenisches Bild vom Glauben der Muslime im Kontext eines weltumspannenden Friedenskonzils der Religionen gezeichnet. In dem nur wenige Jahre später entstandenen Werk »Cribratio Alkorani« dagegen kommt es zu einer präzisen theologischen Auseinandersetzung mit dem Koran, deren Belesenheit imponiert, deren polemisch-apologetischer Grundzug aber unverkennbar ist. Erst das II. Vatikanische Konzil hat in seiner Erklärung über die Religionen (»Nostra aetate«) den Glauben der Muslime nicht nur konfrontativ widerlegen, ihm vielmehr Hochachtung und Anerkennung spenden wollen. Diese Linie hat Papst Johannes Paul II. u. a. dadurch verstärkt, daß er anläßlich seines historischen Besuches in der Omajjaden-Moschee zu Damaskus Christen und Muslime aufforderte, »unsere zwei Religionen nicht in Opposition zueinander darzustellen, wie dies zu oft in der Vergangenheit geschah, sondern in Partnerschaft um des Wohls der menschlichen Familie willen«. Dieses Desiderat an die theologische Forschung harrt noch der Einlösung.

In Trägerschaft des Bistums Trier
Staatlich anerkannt

1. Oktober, Bonn, Nikolaus-Cusanus-Gymnasium

ERÖFFNUNG DER CUSANUS-FESTWOCHE

BONN — Bonner Rundschau 2/3.10.2001 — Nummer 229

Mit einem Festakt begann gestern die Festwoche zum 50-jährigen Bestehen des Nicolaus-Cusanus-Gymnasiums, außerdem feiert die Schule den 600. Geburtstag ihres Namensgebers. Foto: Homey

600 Jahre Nicolaus Cusanus – 50 Jahre NCG – Festwoche

Der Toleranz verpflichtet

Hy Bad Godesberg. Eine kleine dumme Delle hat die Kugel. Und statt einer geraden, zielgerichteten Bewegung geht sie ihre ganz eigene Bahn: Eiert ein wenig, bleibt unberechenbar immer da liegen, wo es ihrer inneren Dynamik gerade entspricht. Der Pädagoge Nicolaus von Kues (Nicolaus Cusanus) hat das philosophische Spiel mit dem „Globus", der kleinen hölzernen Kugel entwickelt. Diese Kugel symbolisiert den individuellen Menschen. Und die Wurfbahn seinen Lebensweg auf dem Weg hin vom Chaos zur Kraft der Einsicht und Gegenwart Christi.

Das Nicolaus-Cusanus-Gymnasium feiert in diesem Jahr den 600. Geburtstag seines Namensgebers und das 50-jährige Bestehen des Schulgebäudes: Am 18. Juni 1951 wurde der Grundstein gelegt. Und am 1. Oktober 1951 begann der Unterricht mit 28 Schülerinnen und Schülern im modern gestalteten Unterrichtsraum. Mit einem Festakt eröffnete Schulleiterin Dr. Brigitte Neubert gestern die Festwoche an ihrer Schule. Regierungspräsident Jürgen Roters, Bürgermeister Ulrich Hauschild, Norbert Hauser (MdB) würdigten die Schule mit ihrer 50-jährigen besonderen Geschichte: In Zusammenarbeit mit den Städten Bonn und Bad Godesberg sowie dem amerikanischen Hochkommissar hatte das Land NRW beschlossen, eine moderne Versuchsschule zu errichten, in deren Unterrichtsverfahren der Umschulung und Einordnung von Schülern aus anderen Schulsystemen besonderes Gewicht beigemessen werden sollte. Aus diesen Anfängen hat sich in den letzten 50 Jahren ein Gymnasium entwickelt, das sich mit einer internationalen Schülerschaft als UNESCO-Projektschule der Erziehung zu Frieden, Toleranz und Völkerverständigung widmet. Einen philosophisch fundierten Vortrag über Leben und Werk des Nicolaus von Cues hielt Dr. Helmut Gestrich, Vorsitzender der Cusanus-Gesellschaft.

Eine Schülerband bot eine moderne Interpretation der philosophischen Gedankenwelt: Sie sangen das Lied „We all see the same stars". „Wir sehen dieselben Sterne prägt seit 50 Jahren unsere Schulgeschichte", lacht Schulleiterin Dr. Brigitte Neubert und freut sich, dass noch immer über 30 Prozent der Schüler aus dem Ausland kommen.

Im Rahmen der Festwoche veranstaltet die Schule heute Vormittag die „Nicolaus-Cusanus-Games". Um 20 Uhr wird im Brückenforum das Schulfest unter dem Motto „Wir sehen dieselben Sterne" gefeiert. Am Donnerstag präsentieren die Schüler ab 8 Uhr die Ergebnisse aus den zwei- und dreitägigen Projektblöcken der vorigen Woche unter anderem zu „Nicolaus Cusanus und seiner Zeit". Und um 19 Uhr gibt es eine Jubiläumsrevue. Mit der Enthauptung von Klaus Störtebeker im Jahre 1401 beginnt die inhaltlich wie auch musikalisch unterhaltsame Darstellung des 15. Jahrhunderts. Zum Abschluss gibt es am Freitag einen ökumenischen Gottesdienst in der Christuskirche (Wurzerstraße). Ab 11 Uhr werden die Cusanus-Preise an die prämierten Schüler verteilt. Außerdem findet ein Fremdsprachen-Lesewettbewerb und eine „Sponsored Rallye" statt.

NIKOLAUS CUSANUS
SPANNUNG UND EINHEIT DER GEGENSÄTZE

6. Oktober, Nürnberg, C.-Pirckheimer-Haus

Auf einem Studientag zum 600. Geburtstag von Nikolaus von Kues sprach PD Dr. Martin Thurner über »Nikolaus Cusanus. Spannung und Einheit der Gegensätze«. Das Fazit des Studientages kleidet Thurner in folgende Worte:

Gegenwärtig findet die Gestalt des Nikolaus Cusanus in ihren vielfältigen Aspekten ein immer stärker werdendes Interesse. Bei dieser Tagung aus Anlaß seines 600. Geburtstages soll dieses zunehmende Interesse an Cusanus als Ausdruck der Aktualität seines Lebens und Denkens gedeutet werden.

In seinem Lebensvollzug und seinen philosophischen Spekulationen gelingt es Cusanus, Gegensätze zu entfalten und zusammenzufassen, deren Synthese für den Menschen in der heutigen Situation besonders dringlich geworden ist: Politische Aktivitäten und geistige Kontemplation, Vielfalt und Einheit von Kulturen und Religionen, Anspruch und Grenzen des Wissens, Intellektualität und Emotionalität, Wissenschaft und Geheimnis, Technik und Mystik.

Akademie C.-Pirckheimer-Haus Nürnberg

STUDIENTAG

Zum 600. Geburtstag

Nikolaus Cusanus:

Spannung und Einheit der Gegensätze

PD Dr. Martin Thurner, München

Leitung:
Prof. Dr. Klaus Kastner, Nürnberg

Samstag, 6. Oktober 2001
9.30 – 16.30 Uhr

Referent:

PD Dr. Martin Thurner hat in München Philosophie und Theologie studiert. Seit 1994 ist er wissenschaftlicher Mitarbeiter am Grabmann-Institut der Universität und seit seiner Habilitation Privatdozent. Er ist durch zahlreiche Veröffentlichungen vor allem über Nikolaus von Kues hervorgetreten. In diesem Jahr hat er das Deutsch-Italienische Symposion über Nikolaus von Kues organisiert. Ebenfalls wurde ihm in diesem Jahr der Habilitationspreis aus Anlass des Stiftungsfestes der Ludwig-Maximilians-Universität verliehen.

Leitung: P. Johannes Jeran SJ

Kosten:

Tagungsgebühr: DM 22,-
ermäßigt DM 17,50

Mittagessen DM 13,50
Nachmittagskaffee/-tee DM 7,-

Anmeldung erbeten bis 28. September 2001

Veranstaltungsort:
C.-Pirckheimer-Haus
Königstr. 64
90402 Nürnberg
Tel. 0911 / 2 34 60
Fax 0911 / 2 34 6-163

19. bis 20. Oktober, Mainz, Katholische Akademie Mainz (Erbacher Hof)

GOTT: »ALLES IN ALLEM UND NICHTS VON ALLEM« GOTTESERKENNTNIS BEI NIKOLAUS VON KUES

Studientagung in der Katholischen Akademie Mainz (Erbacher Hof) über: »Gott: ›Alles in allem und nichts von allem‹. Gotteserkenntnis bei Nikolaus von Kues«.

Den Eröffnungsvortrag »Leben und Werk des Nikolaus von Kues« hält Prof. Dr. Erich Meuthen. Er schreibt dazu:

Eine einleitende intensive Persönlichkeitsschilderung dient als Ausgangspunkt für die Beurteilung seiner Wissensbreite, die er geradezu im wörtlichen Sinne »er-fährt«, wertet er als ein bis dahin »inauditum« mit neuartiger Einsetzbarkeit, doch zugleich ausdrücklich auch als Geschenk »von oben«. Er ist aufgeschlossen für alles Neue (z. B. Buchdruck), wenngleich mit Relativierungen, wie am Beispiel der einheitsphilosophischen Nutzung der Mathematik oder an der Hartnäckigkeit bei der Verteidigung kirchlicher Herrschaftsrechte in der Auseinandersetzung mit Hzg. Sigmund von Österreich-Tirol deutlich wird. Die Geschichtlichkeit als Lösungsweg.

Zu dem Prof. Dr. Klaus Kremer zugedachten Thema »Glauben und Denken bei Cusanus« notiert dieser: Nikolaus von Kues ist weder Fideist bzw. Irrationalist noch Rationalist. All zu sehr schätzt und preist er die von Gott geschenkte Gabe des natürlichen Erkenntnislichtes, die sich vor allem in Vernunft (intellectus) und Verstand (ratio) kundtut. Immer wieder stößt man auf eindeutige Hinweise einer natürlichen Erkennbarkeit Gottes aus seiner Schöpfung, wenn er auch keine Gottesbeweise vorträgt. Jedoch diese natürliche Erkenntnis Gottes macht weder den einzigen noch den ganzen Zugangsweg zu Gott aus. In der Weihnachtspredigt 1440 heißt es bei ihm: Gott wird weder durch den Verstand noch durch die Vorstellungskraft noch durch den Sinn berührt – all das übersteigt er –, aber im Glauben wird er berührt. Trefflich ist folgender Vergleich von ihm: Der Glaube wird durch den Verstand ... in die Höhe geführt, vergleichbar mit dem Öl, das in einem Gefäß über dem Wasser zu liegen kommt. Das Wasser erhebt zwar, das Öl schwimmt jedoch darüber. So wird der Glaube durch Gründe nicht geringer, sondern größer.

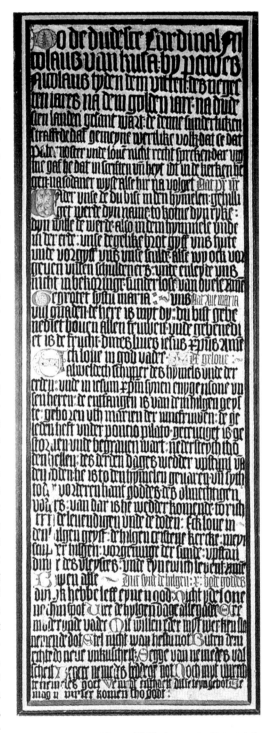

Die Vaterunsertafel von Hildesheim, ein Beispiel des reformatorischen Wirkens des Nikolaus von Kues

PD Dr. Martin Thurner arbeitet in seinem Vortrag »Gott als das offenbare Geheimnis nach Nikolaus von Kues« als wichtigste Grundgedanken heraus:

Die Widersprüchlichkeit der Glaubenserfahrung eines zugleich verborgenen wie offenbaren Gottes wird als Grundproblem identifiziert, zu dessen Lösung das philosophische Denken bei Cusanus hervorgeht. Das Offenbarungshandeln Gottes wird als die Mitteilung der Ermöglichungsbedingungen dafür einsehbar, daß die endliche Vernunft ihr unendliches Ziel erreichen kann: Die extramentale Weltwirklichkeit, das natürliche Erkenntnislicht, die biblische Offenbarung mit ihrer Erfüllung in Jesus Christus und die eschatologische Vollendung lassen sich als die Offenbarkeitsdimensionen des göttlichen Geheimnisses interpretieren. In der trinitarischen Selbstdefinition des in allem Sein und Erkennen vorausgesetzten Prinzips des ›Nicht-Anderen‹ begreift Cusanus schließlich Geheimnis und Offenbarkeit als sich gegenseitig implizierende Wesensbestimmungen.

Prof. Dr. Alois Maria Haas sprach über »Mystische Gotteserkenntnis bei Cusanus«.

»Die Beziehungen zwischen Endlichem und Unendlichem im Denken des Cusanus« war das Thema des Vortrages von Prof. Dr. Norbert Fischer. Sein Fazit:

Im Ausgang von Überlegungen neuzeitlicher Denker (Kant, Feuerbach, Nietzsche, Levinas) zum Thema der Beziehung zwischen Endlichem und Unendlichem wurde die Öffnung auf wahre Transzendenz als Grundproblem des Cusanischen Denkens in »De docta ignorantia« dargestellt. Ziel der Sehnsucht des endlichen Geistes ist seine Beziehung zum Unendlichen, ohne ins Unendliche einzugehen und in ihm sich aufzulösen. Hindernisse dieser Beziehung sind die De-finitionen des »Gottesbegriffs« und die Geringschätzung des Endlichen als Endlichen. Im Sichöffnen für die Beziehung zum Unendlichen trachtet der Suchende nicht danach, das Gesuchte zu bemeistern, sondern in seine Nähe zu gelangen, wobei er gerne gesteht, daß es ihn unendlich überragt.

Prof. Dr. Dr. Rudi Ott referierte über die Thematik »Annäherung – mit Cusanus Gott und die Welt verstehen lernen«. Seine Kernaussage ist:

Historischer Innenhof des Erbacher Hofs

Man wird mit Cusanus nicht fertig. Der Reichtum seiner Ideen und Themen ist unerschöpflich. Das Referat versuchte wichtige Koordinaten seines Denkens und ihre Bedeutung bis in die Gegenwart auszuziehen. Die Wahrheitsfrage ist für ihn die Lebensdynamik schlechthin. Erst das Erwachen der inneren Sehkraft mobilisiert die Lebendigkeit, die immer schon als Ressource der Wahrheit im Menschen ist. Dem Mißverständnis der Moderne in der Gleichsetzung von Verstand und Vernunft stellen Cusanus und Leibniz ihre Unterscheidung und Verknüpfung entgegen. Die Anthropologie erhält wegweisende Konturen durch ihre Sicht des Universalen im Individuellen und der Kreativität des menschlichen Geistes. Der Konnex von Selbst- und Gotteserkenntnis bleibt für das Gottdenken ausschlaggebend.

31. Oktober, Kleinich, Evangelische Pfarrkirche

LIEBESMAHL STATT ABENDMAHL
Oekumenischer Gottesdienst am Reformationstag zum 600. Geburtstag des Nikolaus von Kues in der Evangelischen Pfarrkirche Kleinich
Besucher ehren Cusanus und beten für den Frieden.

GEDENKGOTTESDIENST

Liebesmahl statt Abendmahl

Ökumenischer Gottesdienst zum Reformationstag in Kleinich – Besucher ehren Cusanus und beten für Frieden

Von unserem Mitarbeiter
GERHARD W. KLUTH

KLEINICH. Mit einem ökumenischen Festgottesdienst zum Reformationstag ehrte auch die evangelische Kirche Nikolaus von Kues. Beide Konfessionen gedachten dem Mann, der schon vor Luther versucht hatte, die Kirche zu reformieren.

So muss man sich wohl einen Festtag vor vielen Jahren vorstellen: Die Glocken läuten und aus allen Himmelsrichtungen strömen die Menschen zur Kirche und füllen sie bis auf den letzten Platz. In Kleinich war es am Abend des Reformationstages so.

Anlass war ein ökumenischer Gottesdienst, der im Zeichen des 600. Geburtstages von Nikolaus von Kues stand. Neun geistliche Vertreter der beiden großen Kirchen hatten sich um den Altar versammelt, als der Männergesangverein Kleinich mit dem Lied „Herr schenke den Frieden" die Feier eröffnete. Neben dem Musikverein Monzelfeld hatte er zusammen mit den Männerchören aus Kirchberg und Sohren die musikalische Gestaltung des Gottesdienstes übernommen. Die Freude über das restlos gefüllte Haus Gottes stand dem Kleinicher Pfarrer Stefan Haastert ins Gesicht geschrieben, als er seine Mitbrüder und alle anderen Gäste begrüßte.

In einem Grußwort betonte der Vorsitzende der Cusanusgesellschaft, Helmut Gestrich, mit welchem Eifer Cusanus versucht hatte, seine Kirche, schon weit vor Luther zu reformieren.

Es gab zwei rote Fäden, die sich durch den Abend zogen. Einmal war dies das Leben des Cusanus. Dies wurde am deutlichsten durch die Lesung einer Szene aus dem Cusanusschauspiel, die vom Autor selbst, dem Monzelfelder Peter Kropp vorgetragen wurde und durch das Glaubensbekenntnis. Das Bekenntnis war ganz auf die Gedanken des Kardinals abgestimmt und beinhaltete einige Aussagen, die sicher nicht von jedem unterschrieben werden konnten. Pfarrer Haastert stellte es deshalb auch ausdrücklich jedem frei, ob er den abgedruckten Text mitsprechen wollte.

Der zweite rote Faden war die Bitte um Frieden für die Welt. Der Pfarrer der katholischen Gemeinde in Zerf, Klaus Stankowitz, hatte die Aufgabe der Predigt übernommen und machte dieses Thema zu dem zentralen Inhalt. Brisant wurde sein Beitrag, als er feststellte, dass Gott keinen Unterschied zwischen den Menschen macht. Wörtlich sagte er: „Gott schaut jeden Menschen liebend an. Meinen Freund genauso wie meinen Feind, Christen genau so wie Moslems und Atheisten. Auch auf dem Führer der Taliban ruht der liebende Blick Gottes."

Bezogen auf das Thema des Gottesdienstes „Ich bin der Weinstock, ihr seid die Reben" verglich er Gottes Blick mit der Sonne, die den Weinstock bescheint und gedeihen lässt. Er rief dazu auf, sich dieser Wärme nicht zu verschließen sondern sich ihr entgegen zu strecken und sie wirken zu lassen. Anstelle eines Abendmahls, an dem nach geltendem Recht katholische Christen nicht teilnehmen durften, gab es eine Agape, ein Liebesmahl. Dazu hatte die Leiterin des Cusanus-Geburtshauses, Anna Reuter, Trauben vom Kueser Kardinalsberg mitgebracht, die symbolisch anstelle von Brot und Wein von allen gegessen wurden.

Nach fast zwei Stunden erteilten der Merscheider Pfarrer Georg Müller und Haastert den Segen über die Kirchenvertreter aus Bernkastel-Kues (Pfarrer Klaus Milde), Hirschfeld (Diakon Clemens Fey), Merscheid (Pastoralreferentin Irene Laturell), Morbach (Dechant Karl-Josef Albrech und Pfarrer Florian Bródner) und die ökumenische Gemeinde.

Singen für den Frieden: Der Männergesangverein Kleinich in der, bis auf den letzten Platz gefüllten Kirche. Foto: Gerhard W. Kluth

600 JAHRE NIKOLAUS CUSANUS 1401 2001
Festveranstaltung im Cusanus-Jubiläumsjahr

9. November, St. Wendel, Cusanus-Gymnasium

KREIS ST. WENDEL

Wo Schüler dank Cusanus kugeln

Das St. Wendeler Gymnasium feiert ab heute den 600. Geburtstag des Gelehrten Nikolaus Cusanus

Die Schüler des St. Wendeler Gymnasiums in der Missionshausstraße gedenken ihrem berühmten Namensgeber, dem Gelerten Nikolaus Cusanus, nicht „nur" während des üblichen Religionsunterrichts.

— Von GERHARD TROSTER —

St. Wendel. Ab heute, Freitag, 9. November, wird im Cusanus-Gymnasium gefeiert – und zwar den nunmehr 600. Geburtstag von Kardinal Nikolaus Cusanus, dem Namensgeber der St. Wendeler Bildungseinrichtung. Die Festveranstaltung beginnt um 19 Uhr in der Aula der Schule in der Missionshausstraße. Schirmherr der Feierlichkeiten ist der St. Wendeler Bürgermeister Klaus Bouillon.

Im Mittelpunkt des Abends steht der Festvortrag von Helmut Gestrich, Vorsitzender der Vereinigung zur Förderung der Cusanus-Forschung und profundester Kenner des Gelehrten. Von Gestrich stammt das 1993 im Verlag Hermann Schmidt, Mainz, herausgekommene Buch „Nikolaus von Kues, 1401–1464, Leben und Werk im Bild". Dialogszenen über den Gelehrten tragen im Rahmen der Festveranstaltung Michaela Bill und Bernhard Manz vor. Die musikalische Mitgestaltung übernimmt das Ensemble „Audite" und die Kammermusiker des Cusanus-Ensembles „Die Streichhölzer".

Neben der großen Koblenzer Cusanus-Ausstellung, die sich mit dem geradezu universal gebildeten Gelehrten des Mittelalters beschäftigt, werden Schülerarbeiten zu diesem Thema präsentiert.

„Der Landkreis St. Wendel als Schulträger hat in den vergangenen Jahren mit der Errichtung eines Neubaues die baulichen Voraussetzungen für neue schulische Entwicklungen geschaffen. Dass die neun Klassen- und Fachräume sowie das Bistro keinen Luxus am Cusanus-Gymnasium darstellen, verdeutlichen die Schülerzahlen. In den vergangenen zehn Jahren ist die Zahl von 634 auf 875 Schüler und damit um mehr als ein Drittel gestiegen." Mit diesen Worten gibt Oberstudiendirektor Joachim Bittel, Schulleiter des Cusanus-Gymnasiums, in der jüngsten Ausgabe des „Cusanus-Kurier", einer Zeitschrift der Schule, die nun schon im 14. Jahr erscheint, einen Einblick in die Entwicklungen im Schuljahr 2001/02. Er führt weiter aus: „Mit der Einrichtung des Neubaues hat der Schulträger für eine merkliche Entschärfung unserer räumlichen Enge gesorgt und uns die Möglichkeiten eröffnet, auf neue Entwicklungen zu reagieren. Zurzeit richten wir mit Unterstützung des Landkreises einen PC Raum mit Internetzugang ein. Im Bereich der Schulleitung und -verwaltung werden wir in diesem Schuljahr ebenfalls Umgestaltungen vornehmen

Mit verpflichtendem Namen Im aktuellen „Cusanus-Kurier" werden die 140 soeben eingeschulten Jungen und Mädchen, das 50-köpfige Lehrerkollegium und die Elternvertreter vorgestellt. Zudem ist der „Tag der Schulen" in Bernkastel-Kues nachzulesen, an dem sich das St. Wendeler Gymnasium (Bild) zum Cusanus-Jubiläums beteiligte. FOTO: ATB

können, um den Erfordernissen der Kooperation zwischen den vier Schulen Cusanus und Wendalinum sowie zwischen den Gesamtschulen Marpingen und Türkismühle täglich gerecht zu werden."

Wer sich ein wenig Zeit nimmt, im „Cusanus-Kurier" zu lesen, kann auf eine interessante Entdeckungsreise gehen. Da werden nicht nur die rund 140 soeben eingeschulten Jungen und Mädchen vorgestellt, sondern auch das 50-köpfige Lehrerkollegium und die gesamte Elternvertretung. Zudem ist der „Tag der Schulen" in Bernkastel-Kues nachzulesen, an dem sich das St. Wendeler Gymnasium anlässlich des Cusanus-Jubiläums beteiligte. Hier ist auch die Biografie des großen Gelehrten und ein ausführliches Referat über ihn zu lesen, das im August in „Die Zeit" stand. Berichte über Schulaustausch, Spanischkurse, Abschlussfahrt und sportliche Aktivitäten machen die 50-seitige Ausgabe überaus lesenswert.

Wenn ein Gymnasium den Namen von Nikolaus Cusanus trägt, dann ist auch eine Verpflichtung damit verbunden. Die „Saarbrücker Zeitung" fragte den Schulleiter, wie es um die Präsenz des Gelehrten in dem großen Haus stehe. Joachim Bittel nennt zuerst den Religionsunterricht, in dem Cusanus regelmäßig Raum gegeben wird. „Ja, und dann natürlich das von ihm erfundene Kugel-Spiel", meint er mit einem Lächeln. Und er führt ins Foyer, wo ziemlich genau in der Mitte die Schablone dafür zu finden ist. „Ludus Globi" hat Cusanus dieses schwierige Spiel genannt, das fast jeden Tag von den jüngeren Schülerinnen und Schüler gespielt wird. Die Holzkugel dafür ist fast bis zur Mitte ausgehöhlt und kann deshalb nicht gerade laufen. „Es ist äußerst schwierig, die Kugel in die Mitte der Schablone, die da „Gegenwart Christi" heißt, zu befördern", weiß Bittel und probiert es gleich aus. Ohne Erfolg. „Mehr üben", gibt ihm ein vorübergehender Kollege den Rat. Es hält ein weiter Weg vom Feld neun („Kraft der Elemente") über Feld fünf („Kraft der sinnlichen Wahrnehmung") und über die „Kraft der Einsicht" zum Endziel zu gelangen.

Leben und Werk des großen Gelehrten wird auf der Schautafel einer Seitenwand aufgelistet. Studienrat Hermann Backes hat sie entworfen und mit kreisrunden Elementen ausgestattet, die eine hervorragende Übersicht gewähren. Daneben hängt eine riesige Zeittafel, die die Klasse 8 kreiert hat. Sie ordnet Nikolaus Cusanus in die Renaissance mit ihrem Umfeld ein und gibt ihm seinen Platz neben anderen Berühmtheiten und bedeutenden Zeitabschnitten.

In Deutschland gibt es übrigens sechs weitere Cusanus-Gymnasien, die Kinder und Jugendliche in Erkelenz, Koblenz, Bernkastel-Kues, Wittlich, Bergisch Gladbach und Bonn unterrichten.

Auszug aus der Saarbrücker Zeitung vom 9. November 2001

Multiple Landschaft, 2001, Kohle, Acryl, Leinwand, 120 × 160 cm (= rechte Hälfte)

KOINZIDENZ DER GEGENSÄTZE
Handzeichnung und Malerei in der Akademie Kues
von Monica Pauly, Trier

11. November 2001 bis 31. Januar 2002, Bernkastel-Kues, Akademie Kues

Das Bemerkenswerte an dieser Ausstellung war, daß die Künstlerin das Leitthema direkt aus der Philosophie des Nikolaus von Kues entnommen hat: Coincidentia oppositorum – Koinzidenz (Ineinsfall) der Gegensätze. Der Bericht über die Ausstellung beschränkt sich darauf zu zeigen, wie Monica Pauly die Übereinstimmung von zwei Gemälden mit diesem Leitthema gelungen ist.

Das Gemälde »204 Kürzel« hat keinen Rahmen. Man kann sich die Fortsetzung der Kürzel nach links und rechts, nach oben und unten vorstellen. »Kürzel« bedeutet Individuum. Denkt man sich den Raum, in dem die »Kürzel« sind, als Unendlichkeit, dann ist diese Unendlichkeit angefüllt mit unendlich vielen Individuen, von denen keines einem anderen gleicht. Unendlichkeit steht für »unendlich groß« – Kürzel oder Individuum steht für »unendlich klein«. So geht für Cusanus aus der Unendlichkeit des Alls eine unendlich große Zahl von Abbildern hervor, die zwar alle einzigartig sind, die aber den Adel der Unendlichkeit in sich tragen.

Auch das Gemälde »Multiple Landschaften« versinnbildlicht den Gedanken an die Verschiedenheit in der Einheit, die Individualität in der angedeuteten Grenzenlosigkeit. Darüberhinaus wird ein weiterer philosophischer Grundsatz des Cusanus spürbar: Cusanus weist dem Menschen neben Gott eine besondere Schöpferkraft zu. Der Mensch schafft die Gedankendinge. Landschaft ist eben nicht das, was die Photolinse auf das Blatt wirft, nein – der Mensch schafft sich den Gedanken von Landschaft. Er gestaltet das Erkannte nach seinem Begriff; Erkenntnis ist ein subjektiver Akt. Die Künstlerin hat aus der sinnlichen Wahrnehmung verschiedener Landschaften den Begriff »Multiple Landschaft« gestaltet.

Die Ausstellung hat eine beachtenswerte Verbindung der cusanischen Philosophie zur Kunst geschaffen.

204 Kürzel, 2001, Marker, Acryl, Leinwand, 65 x 90 cm

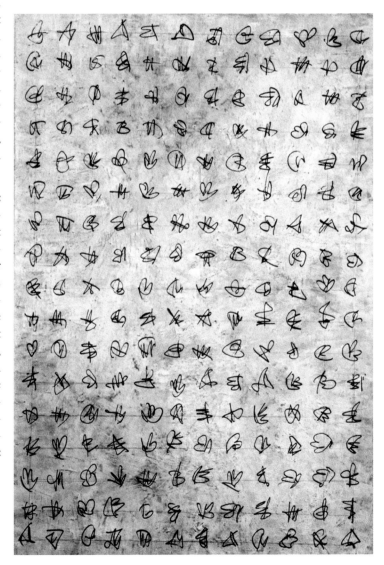

17. November, St. Wendel, Pfarrheim

AUSGEWÄHLTE FRAGEN ZUR CHRISTOLOGIE DES NIKOLAUS VON KUES

Dr. Alfred Kaiser hält zu seinem Vortrag vom 17. November in St. Wendel folgendes fest:

Wer sich mit Cusanus ernsthaft beschäftigt, kommt letztlich nicht umhin, sich auch innerlich mit seiner Person, vor allem aber sich dessen eigenem Bezugspunkt, Jesus Christus, zu stellen. »Laßt uns zuerst in uns suchen, was Christus ist. Wenn wir nämlich Jesus nicht in uns finden, werden wir ihn nicht erfahren«, betont Cusanus in Sermo XLI. Ja selbst ein gründliches Bibelstudium kann nur dann zu Christus hinführen, wenn der Leser diesen zuvor schon in sich selbst gefunden hat. Wer sich also einer inneren Betroffenheit von und durch Christus nicht aussetzen kann oder will, läuft Gefahr, mit Cusanus Hallodrie zu betreiben.

In der Geschichte der theologischen Reflexion gibt es eine Vorwärtsbewegung, die neue Einsichten hervorbringt, aber auch andere vernachlässigt. Der Theologe hat jedoch immer, besonders heute, den Auftrag, alle diese Elemente, auch »vergessene Wahrheiten«, zur Sprache zu bringen und zu synthetisieren. Dadurch erschließt Theologie Vergangenheit auf heute und morgen hin. Somit muß Theologie immer Anschluß an die Fragen und Einsichten der Vergangenheit suchen, um eben denselben Glauben heute anzusprechen. Dabei darf aber nicht eine bloße Wiederholung, auch keine bloße Übersetzung in eine neuere Terminologie das letzte Ziel sein, sondern Theologie muß der Versuch sein, das Vergangene in einen Zusammenhang neuer Fragen und Einsichten zu integrieren.

Aus dieser Perspektive wurde zunächst versucht, den gegenwärtigen Stand innerhalb der christologischen Diskussion zu skizzieren. In einem zweiten Schritt wurden ausgewählte christologische Aspekte der cusanischen Christologie mit gegenwärtigen christologischen Fragestellungen verglichen. Aus der Fülle cusanischer Perspektiven zur Christologie wurden folgende Aspekte hervorgehoben und näher besprochen:

– Der Rückbezug des Cusanus auf Schrift und Tradition

– Der Ansatz einer sogenannten »Christologie von unten« im Vergleich mit dem christologischen Ansatz des Nikolaus von Kues

– »Christologie von unten« als »Hinführung« (manuductio) »zu Christus« und weiterführend Christus als »Hinführung zur Trinität« (manuductio ad Trinitatem)

– Christologie als Antwort auf die Frage nach dem Menschsein und der Aufweis der Vollendung des Menschseins in Jesus Christus nach Nikolaus von Kues.

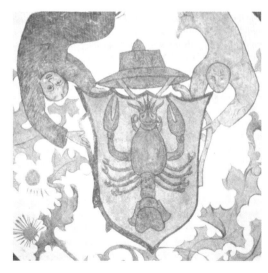

Das Cusanus-Wappen sowohl an der Kanzel als auch in einem Deckengemälde der Basilika St. Wendalinus in St. Wendel

CUSANISCHE MEDITATIONEN
RÄUME UND ZEITEN DER STILLE

23. November, Bernkastel-Kues, Akademie Kues

In der Akademie Kues meditiert Äbtissin Mutter Edeltraud Forster OSB von der Abtei St. Hildegard zu Rüdesheim mit ihren Hörerinnen und Hörern über ein cusanisches Lieblingsthema: »Gott sehen« (De visione Dei). Sie führt dazu aus:

Die Schrift »De visione Dei« richtet sich an die Mönchsgemeinde vom Tegernsee. Cusanus will die Mönche zum Göttlichen hinführen, zu einer Erkenntnis und einem Wissen im Glauben: »Ich bin immer in seinem Blick, im Blick des ›Allsehenden‹«.

Der »Allsehende« ist der Ursprung, die Vollkommenheit Gottes. Gott sieht alles. Er ist das absolute Sehen. Wir sehen mit unserem Blick das Konkrete, aber da das absolute Sehen Gottes mit unserem Sehen zusammenfällt und Gott alles, was wir sehen, miterfaßt, wird auch unser Sehen von ihm in seinem Sehen umfaßt. »Gott ist uns innerlicher als wir uns selber sind.« Aber nicht nur, was wir sehen, sondern auch alles, was wir mit unseren Sinnen, Empfindungen, Intuitionen wahrnehmen, ist in Gott als dem, in dem alles gegenwärtig ist, präsent. Das Sehen Gottes ist **Vorsehung, Gnade und ewiges Leben, ewiges Heute, ewiges Sein in Liebe.** Ohne sein Sein können wir nicht sein. Sein Blick trägt uns durchs Leben und wirkt in uns. Er hält in uns die Sehnsucht nach unserem Ursprung wach.

»Herr, dein Sehen ist Lieben. So wie dein Blick sich mir aufmerksam zuwendet, daß er sich niemals von mir kehrt, so auch deine Liebe. Und weil deine Liebe immer bei mir ist, und deine Liebe, o Herr, nichts anderes als du selbst ist, der du mich liebst, so bist du immer bei mir, o Herr.« (Nikolaus von Kues) *»Sis tu tuus et ego ero tuus« »Sei du ganz dein, und ich werde dein sein.«* (Nikolaus von Kues)

Schlußstein aus dem Kreuzgang des St. Nikolaus-Hospitals mit dem »Bild der Veronika« (s. De visione Dei N. 2), das – der damals weitverbreiteten »Veronica«-Legende gemäß – eine »vera icona« Christi darstellt.

1. Dezember, Bernkastel-Kues, Akademie Kues

NIKOLAUS CUSANUS UND DIE WEISHEIT DES OSTENS PARALELLEN UND DIFFERENZEN

Der Sinologe, Prof. Dr. Karl-Heinz Pohl von der Trierer Universität, spricht in der Akademie Kues über »Nikolaus Cusanus und die Weisheit des Ostens – Parallelen und Differenzen«. Er kommt zu folgendem knapp gefaßten Ergebnis:

Der Vortrag beleuchtet Parallelen und Differenzen zwischen dem chinesischen und dem cusanischen Denken in 4 Bereichen: 1. *Docta ignorantia*, 2. *Coincidentia oppositorum*, 3. *Einheit in der Vielfalt*, 4. *Negative Theologie*. Die Punkte 1–3 werden mit Philosophemen aus dem chinesischen Daoismus, die negative Theologie mit spezifisch chinesischen Entwicklungen des Buddhismus verglichen. Grundsätzliche Unterschiede bestehen in den Hintergründen und Ansätzen:

1. Im philosophischen Daoismus gibt es keine Gottesvorstellung, die der christlichen vergleichbar wäre (eines persönlichen Gottes, bzw. eines Sohnes Gottes, der sich als Mensch manifestiert hat). Liebe zu Gott sowie der Gedanke eines liebenden Gottes sind im chinesischen Kontext fremde Vorstellungen.

2. Während Cusanus glaubens- und erkenntnisorientiert ist, ist der Daoismus – wie überhaupt die chinesische Philosophie – handlungsorientiert.

Der Anfang des Dao de jing *(Tao Te King) – das Buch vom ›Weg‹ und dessen Wirkkraft – des legendären Laozi (Lao-tzu), welches mit den Worten beginnt: »Der ›Weg‹ (Dao), der sich benennen läßt, ist nicht der ewige ›Weg‹.«*

Das Yin-Yang-*Symbol, umrandet von den 8 Trigrammen (Grundzeichen des Buchs der Wandlungen), die Kombinationen aus ungeteilten* Yang- *und geteilten* Yin-*Strichen darstellen.* Yang *steht für das schöpferische (männliche) und* Yin *für das vollendende (weibliche) Prinzip. Die beiden polaren Kräfte werden nicht in einem antagonistischen Verhältnis zueinander stehend gesehen, sondern in einem der gegenseitigen Ergänzung und Vollendung bzw. der Einheit in der Gegensätzlichkeit.*

FESTGOTTESDIENST UND FESTAKADEMIE

8. Dezember, Bernkastel-Kues, Pfarrkirche St. Briktius und Akademie Kues

Zum Abschluß des Cusanus-Jubiläumsjahres veranstalten die Akademie Kues und die Pfarrei St. Briktius einen Festgottesdienst und eine Festakademie. Auf dieser spricht Prof. Dr. Kurt Flasch über »Nikolaus von Kues – De beryllo«. Der Referent konnte sich dabei auf sein ein halbes Jahr zuvor erschienenes Buch »Nicolaus Cusanus« stützen, in dessen Mittelpunkt die vier Kernthesen des genannten cusanischen Werkes stehen: 1. Der Weltgrund ist Einheit und Geist und will sich freudig mitteilen. 2. Alles, was ist, ist entweder wahr oder dem Wahren ähnlich. Was nicht wahr oder dem Wahren nicht ähnlich ist, kann auch nicht sein. 3. Der Mensch ist das Maß aller Dinge. 4. Der Mensch ist ein zweiter Gott.

16. Dezember 2001 und 17. April 2002, Trier, Cusanus-Institut und Bernkastel-Kues, St. Nikolaus-Hospital sowie Geburtshaus

VOM MANUSKRIPT ZUM BUCH

Auf Initiative und unter Leitung von Dr. Alfred Kaiser, Cusanus-Institut Trier, fand am 16. Dezember ein Workshop mit Schülern des Leistungskurses Geschichte der Jahrgangsstufe 12 des Sankt-Josef-Gymnasiums Biesdorf statt unter dem Leitthema: »Vom Manuskript zum Buch«. Diese Veranstaltung fand so großes Interesse, daß die Kursleitung des Gymnasiums bat, den Workshop für einen weiteren Leistungskurs Geschichte anzubieten. Dieser konnte am 17. April 2002 durchgeführt werden. Nähere Einzelheiten sind dem angefügten Bericht des PAULINUS zu entnehmen. Beide Veranstaltungen wurden großzügig von der Nikolaus Koch Stiftung gefördert.

Schüler auf Cusanus-Spuren
Partnerschaftliche Zusammenarbeit machte anschaulichen Geschichtsunterricht möglich

Von Bruno Sonnen

Schüler aus Biesdorf auf den Spuren von Cusanus: Eine Zusammenarbeit von Schule, Cusanus-Institut und Paulinus-Verlag machte es möglich.

Wie wird aus einem umfangreichen Text aus vergangenen Zeiten ein gutes, aktuelles Buch? Was bewegte einen großen Universalgelehrten und „Kirchenfürsten" des Mittelalters dazu, eine bis heute bestehende soziale Einrichtung in seinem Heimatort zu gründen?

Solche und ähnliche Fragen waren es, denen Schüler und Schülerinnen des Sankt-Josef-Gymnasiums der Missionare von der Heiligen Familie in Biesdorf (Region Westeifel) im Rahmen ihrer Beschäftigung mit Nikolaus von Kues nachgingen. Als Organisatoren und „externe" Begleiter für die Geschichts-

Im Cusanus-Institut: Alfred Kaiser (hinten links), Hermann Schnarr, Reinhard Vitt und Harald Baulig (Bildvordergrund, von links) brachten den Schülern das Leben und Wirken des Cusanus näher. Fotos: Jakobovac

Dr. Baulig präsentiert „Anschauliches" zum Thema Buch.

leistungskurse der Jahrgangsstufen 11 und 12 fungierten dabei Dr. Alfred Kaiser vom Cusanus-Institut und Dr. Harald Baulig vom Paulinus-Verlag, der die Publikationen des Cusanus-Instituts herausgibt.

Die mehrteiligen Exkursionen, die im Rahmen dieser Zusammenarbeit in den vergangenen Monaten stattfanden, begannen mit einer Führung durch das Cusanus-Institut Trier, bei der Dr. Kaiser die Funktion des Instituts vorstellte, dessen Hauptaufgabe es ist, Leben und Werk des Cusanus sowie seine Wirkungsgeschichte zu erforschen und für die Herausgabe seiner Werke zu sorgen. Im Institut ließ Dr. Hermann Schnarr die Schüler die Geschichte der Cusanus-Schriften von der Predigt bis zum veröffentlichungsfähigen Werk verfolgen, während Baulig erläuterte, wie die „alten Texte" des Gelehrten zu einem heute auch „handwerklich" gut gemachten Buch werden.

Text und Raum: Von Trier nach Bernkastel-Kues

Dass die Schüler nicht ausschließlich „Texterfahrungen", sondern auch „Raumerfahrungen" machen konnten, ermöglichte der zweite Teil des Projekts: Es ging nach Bernkastel-Kues in die Heimat des Cusanus. Dort hatten die jungen Leute Gelegenheit, das Altenheim zu besichtigen, das auf die Gründung von Nikolaus zurückgeht; auf dem Programm standen außerdem der Besuch der Kirche, der Bibliothek und des Cusanus-Geburtshauses.

„Ein voller Erfolg" sei das Projekt gewesen, zog der verantwortliche Biesdorfer Pädagoge, Studiendirektor Reinhard Vitt, am Ende eine positive Bilanz der Initiative, die den Schülern das Leben und Wirken des Cusanus sehr anschaulich nahe gebracht habe. Nach dem Eindruck der Initiatoren ist es außerdem gelungen, „den Schülern die Freude am gut gemachten Buch" neu zu vermitteln. Fazit: Eine Wiederholung und ein Ausbau des Projekts sind angesagt.

Auszug aus: PAULINUS, Nr. 18 vom 5. Mai 2002, S. 19.

Auf den Spuren des Nikolaus von Kues in und um Bernkastel-Kues

(1) Wenn wir aus Richtung Lieser nach Kues fahren, liegt auf der Strecke zur linken Seite der *Kueser Kardinalsberg*

Die Weinlage ist nach dem Kardinal Nikolaus von Kues benannt, und wir können annehmen, daß Cryfftz Hennen, der Vater des Cusanus, in diesem Berg Weinbesitz hatte.

(2) Dort, wo an der Straße nach Kues die zusammenhängende Bebauung anfängt, liegt das *Cusanus-Geburtshaus*.

Es wurde 1977 bis 1980 grundlegend renoviert, wobei ihm das Aussehen gegeben wurde, welches es nach einer früheren Renovierung im Jahre 1570 erhalten hatte. Heute ist es Cusanus-Gedächtnisstätte mit einer ständigen Ausstellung über Leben und Werk des Nikolaus von Kues.

(3) Am Geburtshaus vorbei führt die *Kardinalstraße* hinauf in den Stadtteil Kues.

(4) Auf dem Weg ins Ortsinnere finden wir links eine kleine Straße, die den Namen *Bistumsstraße* trägt.

Der Name erinnert daran, daß hier das erzbischöfliche Zehnthaus stand. Da die Pfarre Kues durch päpstliche Bulle in das Hospital inkorporiert worden war, ging das Zehnthaus in die Nutznießung des St. Nikolaus-Hospitals über.

(5) Von der Kardinalstraße biegen wir nach links ab und erreichen die Pfarrkirche *St. Briktius* in der Weingartenstraße.

In der im 15. Jahrhundert hier stehenden Pfarrkirche wurden Nikolaus von Kues und seine Geschwister getauft.

(6) Über den St. Briktius-Weg geht es weiter zum *Cusanus-Krankenhaus*. Vor dem Gebäude befindet sich eine Skulptur des Nikolaus von Kues.

(7) Auf dem Weg vom Cusanus-Krankenhaus zum St. Nikolaus-Hospital findet man in der Mozartstraße vor dem Postgebäude eine künstlerische Darstellung des cusanischen Gedankens der *Coincidentia oppositorum*.

(8) Das *St. Nikolaus-Hospital* ist die großartige Stiftung des Kardinals Nikolaus von Kues, erbaut zwischen 1450 und 1458, heute noch –

wie zur Zeit der Gründung – als Heim für alte Menschen vorhanden. Eine Besonderheit ist die weltberühmte Bibliothek des Nikolaus von Kues.

(9) In den ehemaligen Wirtschaftsgebäuden sowie in den Kellern des Hospitals befindet sich ein *Weinkulturelles Zentrum* der Mosel mit

Weinmuseum, Festsaal und *Vinothek*, wo Weine aus dem ganzen Anbaugebiet der Mosel probiert werden können.

Die Anlage zeigt, daß das St. Nikolaus-Hospital eines der berühmtesten europäischen Weinhospitäler ist.

(10) Hinter dem Weinmuseum befindet sich auf dem Gelände des Hospitals die *Akademie Kues*, Seniorenakademie und Begegnungsstätte.

Hier wird der soziale Gedanke des Stifters den Aufgaben unserer Zeit angepaßt. Ein Cusanus-Denkmal zeigt Cusanus im Bischofsgewand.

(11) Vom Hospital geht man am besten zu Fuß zum Moselufer und von dort eine Steintreppe hinauf auf die Moselbrücke, wo auf der flußabwärtigen Seite eine große *Cusanus-Sonnenuhr* errichtet ist.

(12) Auf der rechten Moselseite, links vom Brückenabgang, liegt die Bernkasteler Pfarrkirche *St. Michael*, wo Johannes Cryfftz, der Bruder des Cusanus, einige Jahre Pfarrer war.

(13) Wir überqueren die Moselbrücke vom Stadtteil Bernkastel zum Stadtteil Kues und wenden uns nach rechts. Die stark befahrene Straße, die Richtung Wehlen verläuft, heißt *Cusanusstraße*.

(14) Hier befindet sich das *Nikolaus-von-Kues-Gymnasium*, eines der acht Gymnasien in Deutschland, die den Namen des großen Mannes aus Kues tragen.

(15) Zum Abschluß führt der Weg über die Panoramastraße hinauf zum *Cusanus-Hofgut*.

Das DRK-Sozialwerk hat hier eine Werkstatt für behinderte Menschen errichtet und bietet ihnen Arbeitsplätze im Bereich Landwirtschaft, Gartenbau und Weinbau. Zum Bereich Weinbau gehört, daß das DRK-Sozialwerk das Weingut des St. Nikolaus-Hospitals bewirtschaftet und die Trägerschaft für das Weinkulturelle Zentrum übernommen hat. Die Einrichtung trägt daher zu Recht den Namen »Cusanus-Hofgut«.

Veranstaltungen zum 600. Geburtstag des Nikolaus von Kues im Ausland

1. **Japan, Tokyo**

   6.–8. Oktober 2000: »*Cusanus Standing at the Threshold*« (Der an der Schwelle stehende Cusanuas)

2. **Schweiz, Basel**

   5. Februar 2001: »*Nicolaus Cusanus zwischen Deutschland und Italien*«

3. **Italien, Brixen (Cusanus Akademie)**

   1. März 2001: »*Aufbruch zum Glauben bei Cusanus, auf unsere Situation angewandt*«

4. **Italien, Brixen (Cusanus Akademie)**

   10. März 2001: »*Kardinal Cusanus (1401–1464). Leben und Werk*«

5. **Italien, Loveno di Menaggio (Como)**

   28. März bis 1. April 2001: »*Nikolaus Cusanus zwischen Deutschland und Italien. Niccolò Cusano tra Germania e Italia*«

6. **Italien, Brixen (Cusanus Akademie)**

   30. März 2001: »*Bevor das Leben sinnlos wird. Mit Cusanus spielend vom Chaos zu Gott*«

7. **Niederlande, Deventer (Stadhuis en Landhuis)**

   20.–23. September 2001: »*Conflict and Reconciliation in Life and Thinking of Nicholas of Cusa*«

8. **Nordamerika, Washington/Gettysburg**

   4.–7. Oktober 2001: »*Nicholas of Cusa: 1401–1464*«

9. **Italien, Brixen (Cusanus Akademie)**

   11.–14. Oktober 2001: »*Nicolaus Cusanus in Brixen – Ein Christ im Dialog mit Religionen und Völkern*«

10. **Argentinien, Buenos Aires (Universita del Salvador)**

    19. Oktober 2001: »*Cusanus-Symposion*«

11. **Portugal, Coimbra**

    5.–6. November 2001: »*Coincidência dos opostos e Concórdia. Caminhos do pensamento em Nicolau de Cusa*«

12. **Spanien, Salamanca**

    8.–9. November 2001: »*Coincidencia de opuestos y Concordia. Los caminos del pensar en Nicolas de Cusa*«

13. **Frankreich, Tours**

    13.–14. November 2001: »*Nicolas de Cues et les Pays-Bas*«

14. **Czech Republic, Olomouc (Centre for Medieval and Renaissance Philosophy)**

    13.–14. November 2001: »*Cusanus, his work in the past and his heritage for the future*«

Bildnachweis

Es werden nur die Bilder aufgeführt,
deren Nachweis nicht direkt am Bild erkennbar ist

Akademie Kues, Theresa Spies
S. 17, 125.

Bischöfliches Dom- und Diözesanmuseum Trier, Rudolf Schneider
S. 103.

Marita Blahak
S. 23

ComCept. Werbeagentur für vernetztes Marketing, Kommunikation und Design, Bernkastel-Kues
Umschlag, S. 1, 9, 13, 45, 102, 127–130.

Erbacher Hof, Akademie des Bistums Mainz. Bildungs- und Tagungszentrum, Mainz, L. Richter
S. 117

Helmut Gestrich, Nikolaus von Kues 1401–1464. Leben und Werk im Bild. Dokumentation in Zusammenarbeit mit der Landesbildstelle Rheinland-Pfalz und der Cusanus-Gesellschaft Bernkastel-Kues, Mainz ²1993
S. 16, 21, 27, 31, 110, 116

Rainer Hülsmann
S. 46

Gerhard W. Kluth
S. 40–41, 47, 87–89

Klaus Kremer, Nikolaus von Kues (1401–1464). Einer der größten Deutschen des 15. Jahrhunderts, Trier ²2002
S. 14, 112

Nikolaus von Kues. Textauswahl in deutscher Übersetzung, H. 3, Trier ²2002
S. 123

Ewald Pfeiffer
S. 99

Werner Martin, Ein neu entdecktes Vermächtnis des Nicolaus Cusanus. Fakten und Zusammenhänge, 2001, Titelblatt
S. 122

St. Michael, Bernkastel-Kues. Schnell, Kunstführer Nr. 1771, ⁴1998
S. 34

Thewalt: Fotograf, Wittlich
S. 48–49, 58–60, 62, 65–71, 73, 76–80, 82–84, 86, 91, 93

Josef Tietzen
S. 50–52, 54, 56–57, 61–62, 92, 94

Christa Maria Weber
S. 109

Zugänge zu Nikolaus von Kues, hg. von Helmut Gestrich in Zusammenarbeit mit dem Institut für Cusanus-Forschung Trier, Bernkastel-Kues 1986
S. 15–16, 28, 30, 33, 98, 100, 122

Zur Debatte. Themen der Katholischen Akademie in Bayern 31 (2001) H. 4
S. 24–25

Für die Innenaufnahmen aus dem St. Nikolaus-Hospital sei dem Rektor des Hospitals herzlich gedankt.